감정의 이해

감정의 이해

A Toolkit
For Your Emotions

엠마 헵번 지음
김나연 옮김

포레스트북스

일러두기

1. 원문 내 영문명, 국가나 지역명은 외래어표기법에 따라 번역하였으며, 첫 등장 부분에만 영문으로 병기하였습니다.

2. 책 내용 중에 작가가 만들어냈거나, 영어 외에 감정을 묘사하는 다양한 국가의 단어를 일러스트 형식으로 담은 부분이 있습니다. 신조어나 고어, 영어를 제외한 외국어의 경우 발음을 그대로 살리고 의미를 전하는 데 중점을 두었고, 영어는 뜻이 살아 있는 단어일 경우 번역하였으며 뜻이 명확하지 않거나 결합된 단어일 경우 발음을 살렸습니다.

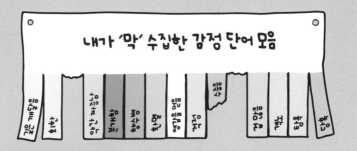

내가 '막' 수집한 감정 단어 모음

앵거빌 잊기 / 수줍어 / 마줌거리다 / 모네라친 / 유아상태 / 밝혀 / 우연의 일치 / 절규 / 야단수 / 꿈의 유산 / 절도 / 역류 / 유영

테크노스트레스
Technostress

기술의 급격한
발전으로 겪는
스트레스

앵커리지
Anchorage

지나가는 시간을
붙잡고 싶은 마음

마음 벌레
Heartworm

오래전에 끝난
관계나 우정이지만
시간이 지나고도
머릿속에서 지울 수
없는 것들

히비지비스
The Heebie-jeebies

신경질적인
두려움이나 불안에
떠는 상태

데지더라툼
Desideratum

더 이상 갖고 있지
못한 것을 그리워하고,
그것을 갖기를
간절히 바라는 마음

트위터패티드
Twitterpated

트위터(현재의 X)에
지나치게 빠져
머리가 온통 트위터로
잠식당하는 지경

모나촙시스
Monachopsis

어울리지 않는 곳에
있는 듯한 미묘하고
지속적인 불쾌감

스트라이크히도니아
Strikhedonia

일을 다 끝내고
더는 그 일을 생각하지
않아도 되는 기쁨

오니즘
Onism

내가 경험하게 될
세상이 얼마나 작은지에
대한 깨달음

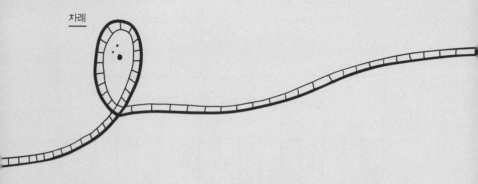

차례

두뇌 그리고 감정

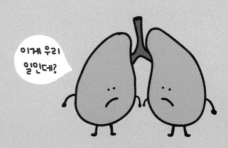

머리말

감정이라는 세계

우리는 살아가면서 많은 감정을 경험합니다. 마음에 관한 연구를 하는 저 역시 수많은 감정을 느끼고 있습니다. 저는 심리학자로서 임상뿐만 아니라 연구와 강의, 그리고 제가 만든 치료 프로그램을 통해 감정을 오랫동안 연구해왔습니다. 제가 지금까지 인생을 살아오면서 느꼈던 다양한 감정들에 대해 이야기를 해보려합니다. 여러분의 삶을 한번 비춰보세요. 같은 마음을 분명 발견하실 수 있을 거예요.

공감

사람들은 감정이 삶을 가로막을 때 저 같은 심리학자를 찾습니다. 기분이 나쁘거나, 무기력함을 느끼거나, 건강에 문제가 있거나 인간관계에 문제가 생길 때이지요. 저는 다른 사람의 감정에 대해 듣고 생각하고 그 뒤에 숨겨진 이야기를 탐구해왔습니다.

사실 대부분은 자신의 어려운 감정을 밖으로 드러내고 싶어 하지 않습니다. 하지만 뇌와 신체가 어떻게 이러한 감정을 만들어내는지 이해할 수 있는 유일한 방법은 그 사람이 지금까지 경험한 이야기를 듣고 이해하는 것입니다. 타인과의 이야기를 듣는 동안 저의 뇌는 화자와 같은 감정을 만들어냅니다. 트라우마에 관한 이야기에 고통을 느끼고, 때로는 제가 이해할 수 없는 경험담을 듣고, 실망과 좌절 속에 슬픔을 느끼기도 하지요. 마찬가지로 아득한 블랙홀과 같은 상태에서 벗어났거나, 무언가 또는 누군가와의 연결고리를 통해 작은 돌파구를 이끌어 낸 경험담을 들으면 저 역시도 기분이 좋아집니다.

의심과 감사

'나는 객관적인 입장에서 이야기를 들어주어야 하지 않을까?', '다른 사람의 감정을 나도 같이 느끼는 건 잘못일까?' 임상 심리학자의 여정을 시작할 때 들었던 의문입니다. 그러다가 뇌가 다른 사람의 감정에 반응하고 이해하고 공감하는 것이 인간의 본성이라는 것을 알게 되었죠. 경력이 쌓이면서 저는 제 자신의 감정이 상대방과 관계를 형성하고, 상대방이 어떤 일을 겪었는지 이해하고, 스트레스 요인을 파악하는 데 도움이 된다는 것을 경험했습니다. 이제 저는 감정이 이해해야 할 대상이자 심리 치료의 중요한 부분이라고 생각합니다. 1장에서 살펴보겠지만, 감정은 우리가 감정을 어떻게 믿느냐에 따라 이에 대응하고 대처하는 방식에 중요한 영향을 미칩니다. 저는 감정에 대한 믿음이 좌절감에서 호기심, 수용, 또 감사함으로 바뀌었습니다.

자부심(아마도 잘못 생각한 감정)

저는 늘 감정을 편안히 받아들이지 못했습니다. 많은 사람이 그렇듯 저의 감정 역시 근본적으로 저의 성장 배경, 상황, 신념과 연결되어 있습니다. 제 아이들은 감정에 대해 자유롭게 이야기하는데요, 훌륭한 선생님들이 고안한 학교 수업 덕분에 제 아이들은 감정을 경험하는 게 이상한 일이 아니라 자연스러운 현상이라는 점을 받아들이고 있습니다. 그러나 제가 자란 1980년대 스코틀랜드Scotland에서는 금욕적인 태도가 옳고, 감정을 쉽게 드러내서는 안 되는 분위기였습니다. 감정을 학교 커리큘럼에서 배우지도 않았어요. 제가 감정을 이야기할 때 쓰던 말들은 노르웨이의 아이돌 밴드, 호주에서 수입된 비누, 영화관에서 본 영화에 대한 주제 등으로 제한적이었어요. 하지만 저는 내심 제가 감정을 잘 다스릴

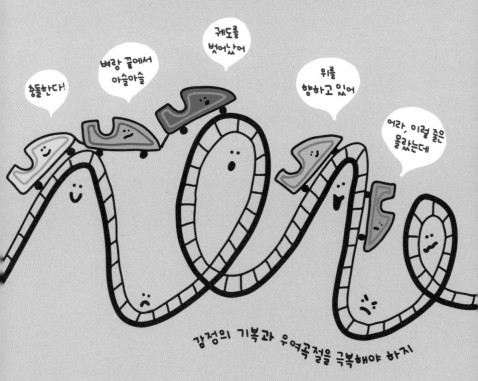

수 있다는 자부심이 넘쳤습니다. 저는 친구들이 무서워하는 B급 공포 영화를 안 무섭게 보는(적어도 안 무서운 척을 하는) 유일한 사람이었으니까요! 저는 영국인이라면 가져야 하는, 무표정한 불굴의 정신을 제법 그럴싸하게 실천한 사람이었죠. 아이러니하게도 저는 임상 심리학자가 되어 이제 그 누구보다 감정에 대해 많은 이야기를 하는 사람이 되었습니다. 뇌와 뇌가 느끼는 감정을, 뇌 발달과 뇌 존재 이유를 제외하고 설명할 순 없습니다. 뇌는 우리가 감정을 인식하고 표현하고 반응하는 방식에 큰 영향을 미치기 때문이지요.

호기심

대학교에서 심리학 수업을 들으면서 저는 처음으로 감정에 대해 제대로 생각해봤습니다. 이전까지는 감정이 실제로 무엇인지 생각해 본 적도 없었고, 행복, 슬픔, 걱정과 같은 기본적인 감정을 넘어 제 감정을 정확하게 묘사할 수 있는지 확신도 없었지요. 그런데 감정과 정신 건강에 대한 강의를 들으면서 심리학이 어떻게 어려운 감정을 가진 사람들을 도울 수 있는지 흥미를 느끼고 영감을 얻게 되었습니다.

매혹

심리학 수업을 들은 다음, 저는 감정에 매료되어 감정에 대한 새로운 어휘를 발견하면 포스트잇이나 노트에 설명과 함께 단어를 적으며 수집했습니다.

즐겨보던 드라마를 전부 다 봤을 때 느낀 상실감, 혼자만의 시간을 즐기는 가운데 아이들이 보고 싶은 마음을 표현하는 새로운 단어를 만들어내기도 했죠. 이런 단어를 만들 때마다 어린 시절에 대한 향수를 느끼며 열정적으로 감정을 수집했습니다. 이러한 과정에서 저의 감정을 이해하고 반응하는 데 도움이 되는 어휘를 쌓고 있다는 사실까지는 미처 알지 못했습니다. 이 책에는 제가 수집한 감정 어휘의 일부가 포스트잇 일러스트에 실려 있습니다.

임상 심리학자로 일하면서 저는 감정이 무엇인지, 감정이 어디에서 오는지, 감정이 뇌의 어디에 존재하는지 등 감정에 대해 많은 것을 알고 있다고 자신했습니다. 하지만 감정에 대한 저의 감정이 산산조각이 날 줄은 몰랐습니다.

당혹

지난 10여 년간, 과학의 발전으로 뇌에 대한 지식이 늘어나자 우리가 감정을 어떻게 이해하는지에 대한 생각도 큰 변화를 맞이

했습니다. 감정의 과학은 감정이 우리 뇌와 신체에 어떻게 작용하는지에 대한 새로운 이야기를 들려줍니다(이는 2장에서 더 자세히 알아보겠습니다). 저는 혼란스러웠어요. 기존 지식에 새로운 지식을 통합하고 적용하기 위해서는 제 관점을 바꿔야 했으니까요. 하지만 알고 있다고 생각하는 것에 의문을 제기하면 새로운 깨달음을 얻는 법이지요. 이 새로운 정보가 사람들의 감정을 돕기 위해 어떻게 사용할 수 있는지 그 방법을 생각할수록 저에겐 활력이 생기기 시작했습니다.

이 책은 제 감정이 아니라 모든 사람의 감정에 관한 책입니다. 감정은 각자 고유합니다. 모든 감정은 상황, 경험, 언어와 연결되어 있습니다. 기분이 좋을 수도 있고, 나쁠 수도 있으며, 좋고 나쁨의 사이에도 단계가 있을 수 있습니다. 감정은 예상치 못한 순간에 한 번에 여러 번 나타날 수 있고 서로 충돌할 수도 있습니다. 감정은 본질적으로 다른 감정과 연결되어 있습니다. 하지만 가장 중요한 것은 감정이 우리 삶의 중심이 된다는 점입니다.

이 책은 감정에 대한 이야기를 담고 있습니다. 감정 없이는 각자의 이야기를 할 수 없습니다. 감정은 우리의 삶과 함께하며 우리를 이끌고, 방향을 바꾸고, 기쁘게 하고, 우울하게 합니다. 어떤 경험을 되돌아볼 때, 우리는 그 경험을 단순하게 떠올리는 것이 아니라 감정을 느낍니다. 미래를 생각할 때 혹은 어떤 결정을 내릴 때는 어떤 기분이 들지 예상하고, 감정이 결정에 영향을 미칩니다. 다른 사람들과 관계를 맺을 때는 상대방의 얼굴을 보고, 상대방의 이야기를 듣는 것뿐만 아니라 그들의 감정을 마음으로 느끼게 되지요.

감정은 헤드라인 밑에 달리는 설명이나 하나의 줄거리가 아니라 우리 이야기의 주인공입니다. 감정은 기억, 반응, 미래 계획, 행동, 관계 그리고 궁극적으로는 생존에 내재되어 있습니다. 감정을 어떻게 이해하고 반응하는지는 매우 중요한 일입니다. 평생에 걸쳐 건강과 삶에 영향을 미칠 수 있기 때문이지요. 감정을 이해하면 내가 중요하게 생각하는 것을 위해 결정을 내릴 수 있고, 살면서 받는 스트레스에 대처할 수 있고, 궁극적으로는 삶을 이해하는 데 도움이 될 수 있습니다.

매일 수많은 감정을 느끼듯이 이 책을 읽는 동안 여러분은 많은 감정을 느낄 것입니다. 여러분이 느끼게 되는 감정들을 무시하지 말고 메모해 두었다가 책에 있는 연습 문제를 통해 그 감정들을 더 깊이 생각해 보세요. 내가 감정에 반응하는 방식이 달라지는 것을 느끼게 될 거예요. 또한 감정과 다르게 상호작용하는 방법,

감정의 의미 혹은 감정으로부터 배우는 방법을 알게 될 것입니다. 더 나아가 인생을 살아가는 데 도움이 되는 감정을 쌓는 방법(혹은 만들어내는 방법)을 배우고, 힘든 감정에 더 잘 대응하고 이를 헤쳐 나갈 수 있는 법도, 기분 좋은 감정을 계속해서 더 지속하는 방법 도 배울 수 있을 것입니다. 자, 이제 안전벨트를 단단히 매세요. 감 정의 롤러코스터를 탈 시간입니다.

감정의 롤러코스터

모든 롤러코스터가 그러하듯, 인생의 감정 롤러코스터도 기복이 심하고 반복되는 과정을 겪을 수밖에 없습니다. 감정은 인생의 필수적인 부분이지만 항상 좋은 것만은 아닙니다. 오르막길이 다 같지 않듯 각자 개인은 저마다 경험하는 감정과 반응 방식에 영향을 미치는 고유한 역사와 두뇌, 신체를 가지고 있습니다. 이 책을 읽다 보면 자신의 감정을 이해하고 이에 대응하는 데 도움이 되는 방법을 발견하게 될 것입니다.

다음 페이지의 일러스트는 감정 롤러코스터입니다. 이 그림은 어떤 기법이 나의 감정 관리에 효과적인지 생각해 볼 수 있도록 도와줄 거예요. 책을 훑어보면서 감정에 대응하는 방법에 대한 여러분만의 아이디어를 적어보세요.

- 감정에 어떻게 반응할 수 있을까?
- 롤러코스터가 까다로운 감정에 빠졌을 때 도움을 줄 수 있는 것은 무엇일까?
- 지금 나는 어떤 감정의 루프(loop)에 갇혔을까? 이 루프를 빠져나오려면 어떻게 할까?
- 평온함, 기쁨 같은 기분 좋은 감정을 만드는 방법은?
- 롤러코스터를 새 궤도에 올려놓을 작은 변화는 무엇일까?

이 책에는 이 모든 주제와 그 이상의 내용이 담겨 있습니다. 자신에게 맞는 아이디어를 찾아 삶에 적용해보세요. 감정의 롤러코스터를 타는 데 도움이 되는 여러분만의 가이드를 만들 수 있습니다.

감정의 롤러코스터

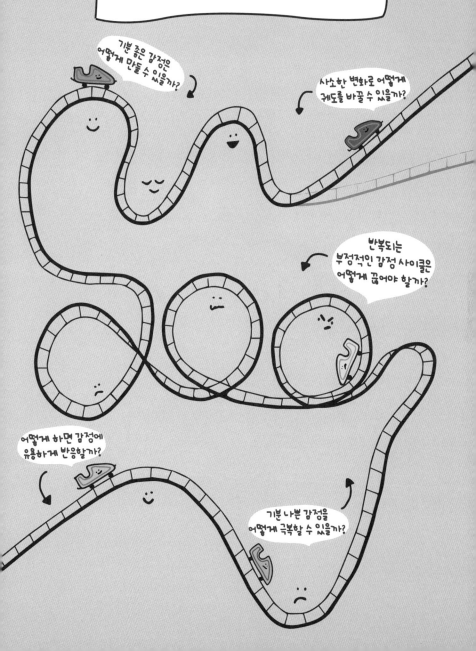

감정을 만나다

1장
감정의 이해

　우리는 모두 감정이 있습니다. 롤러코스터를 타듯 하루하루 수많은 감정을 느끼며 살아갑니다. 우리 삶에 그토록 커다란 영향을 미치는 감정이란 과연 무엇인지, 한 번쯤 자신이 느끼는 감정의 실체를 생각해본 적 있나요? 왜 우리는 감정이 요동치는 경험을 계속 겪게 되는 걸까요? 쉽게 답을 내릴 수 있는 질문은 아닙니다. 이 질문에 답하기 위해, 저는 여러분과 함께 현대 과학이 증명하는 연구를 바탕으로 상상의 나라로 여행을 떠나고, 잠깐 다윈을 만나는 시간을 가진 후에 과거로 시간 여행을 떠나고, 미래를 확대해 보고, 감정을 재료 삼아 쿠키도 좀 구워보려 합니다.

　이 과정을 통해 우리는 몇 가지 감정을 자세하게 경험하게 될 것입니다. 내가 느끼는 감정에는 매번 마땅한 이유가 있는 건 아니라는 사실을 깨달으며 안도감을 느낄 수도, 감정의 보편적 정의를 이해하면서 당혹감을 느낄 수도, 감정 쿠키를 구우며 즐거움을 느낄 수도, 그리고 항상 나보다 한발 앞서가는 우리 뇌의 엄청난 예지력을 이해할 때 경이로움을 느낄 수도 있습니다. 다양한 종류와 맛을 가진 쿠키처럼 마음속 감정도 가지각색입니다. 이 장을 통해 전혀 느끼지 못했던 감정이 있다는 사실, 혹은 예상하던 것과 전혀 다른 감정들이 내 안에 존재한다는 사실을 알게 될 것입니다.

나쁜 감정이 없는 나라

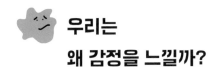

우리는
왜 감정을 느낄까?

감정을 이해하기 전에 먼저 감정의 목적에 대해 생각해 보겠습니다. 감정은 왜 롤러코스터처럼 요동치는 걸까요? 감정은 우리를 세상 꼭대기에 서 있는 것처럼 느끼게 하고 기쁨을 만끽하게도 하지만, 때로는 어둠의 깊은 곳으로 떨어뜨리거나 꼼짝도 못 하게 만들거나, 통제 불능의 상태에 떨어뜨리기도 합니다. 우리가 좋은 감정만 경험하고 끔찍한 감정을 모두 없앨 수 있다면 우리 삶이 더 나아질 수 있지 않을까요?

나쁜 감정이 없는 나라

앞의 질문에 답하고, 감정이 우리 삶의 중심이 되는 이유를 생각해 보기 위해 잠깐 '나쁜 감정이 없는 나라'와 같은 유토피아를 상상해 보겠습니다. 부정적인 감정이 모두 추방된 그곳에서 우리는 행복한 삶을 누리며 스트레스, 분노, 두려움, 속상함, 괴로움, 질투, 죄책감, 슬픔을 느끼지 않습니다.

하지만 곧 균열이 생기기 시작합니다. 슬픔이 없는 이 땅의 사람들의 의사 결정에는 뭔가 이상한 점이 있습니다. 스스로 내린 결정이 자신이나 타인에게 미치는 위험이나 영향력을 고려하지 않는 것처럼 보입니다. 또한 그곳 사람들은 과거의 경험에서 더 나은 결정을 내리는 법도 배우지 않은 것 같습니다.

사실 그렇습니다. 그곳의 주민들은 우리가 합리적이라고 생각하는 결정과는 거리가 먼 결정을 내립니다. 위험 요소가 나타나도 이를 발견하고 즉각적인 조처를 하기보다는 방관자가 되어, 다치거나 목숨을 잃을지도 모른다는 불안감에 휩싸인 채 닥친 위험을 지켜보기만 합니다. 사람이 죽어도 애도하지 않습니다. 병에 걸려도 이들은 치료하거나 쉬지 않습니다. 기분이 좋으니까 계속 움직일 뿐, 몸이 회복할 기회를 주지 않아 질병이 혼란을 일으키도록 내버려둡니다.

인간관계도 단절되는 듯합니다. 이들은 사회적인 선을 넘어도 알아차리지 못하기 때문에, 남에게 사과도 하지 않고 행동의 변화도 보이지 않습니다. 분노하지 않기 때문에 잘못을 따지거나 화도

내지 않습니다. 그곳의 사람들은 다른 사람의 이야기에 공감하거나 연민을 느끼지 못해서 힘들 때 안아주지도 못합니다. 다른 이들과 공감하지 못하니 결국 기쁨도 무의미해집니다. 비교 대상이 없어서 기쁘다는 감정을 이해하기 어렵습니다. 그곳 사람들은 더 이상 기쁨과 위험을 유발하는 요인을 구분하지 못하고, 뱀이 위험하거나 썩은 토마토가 독이 될 수 있다는 감각적인 데이터도 얻을 수 없습니다. 자신에게 무엇이 이로운지 해로운지를 알려주거나, 하루 24시간을 어떻게 보내는 게 가장 좋은 것인지를 알려주는 정보도 얻지 못합니다.

나쁜 감정이 없는 유토피아는 서서히 디스토피아로 변해갑니다. 감정은 그게 좋은 것이든 아니든, 인간에게 필수 요소이기 때문입니다. 감정은 우리의 의사 결정과 추론을 뒷받침합니다. 감정은 외부에서 전해지는 감각적 데이터를 처리하고 의미를 부여합니다. 감정은 우리가 세상을 이해하고 대응하는 방법을 이해하는 데 도움이 되는 데이터입니다. 감정은 우리가 소통하고 공감하는 데 도움을 줍니다. 과거의 경험을 바탕으로 뇌가 미래를 예측할 수 있도록 도와줍니다. 감정은 우리가 살아가고 생존하는 데 다양한 도움을 줍니다.

그렇다고 누구나 완벽한 감정을 설계하지는 못합니다. 그리고 감정이 항상 도움이 되는 것도 아니지요. 감정은 종종 우리를 방해하기도 하고, 행동과 결정에 부정적인 영향을 미치기도 합니다. 하지만 우리에게 선택권이 주어진다면 감정을 갖는 것이, 감정을 갖지 않는 것보다 훨씬 나은 선택입니다.

우리는 꽤 오랫동안 감정을 부정적으로 여겨왔습니다. 그러나 이제는 살아가는 데 도움이 되는 감정의 장점을 고려하고, 감정의 가치를 인정해야 합니다.

감정은 복잡한 세상을 이해하는 데 도움을 줍니다. 우리는 매일 매 순간 엄청난 양의 데이터를 접합니다. 뇌는 "도대체 무슨 일이 일어나고 있는 걸까?", "내가 무엇을 해야 할까"와 같은 질문을 던지고 답하면서, 우리가 접하는 데이터를 소화하고 받아들이기 위해 이를 관리하는 구조적 개념을 만들기 시작합니다. 감정이란 신체 데이터를 포함한 모든 데이터에서 의미를 구성하여 무엇을 해야 할지를 결정하는 뇌의 작용을 의미합니다. 예를 들면 산책하다가 강아지를 보면, 우리 뇌는 이렇게 생각합니다. "저 털북숭이는 뭐지? 강아지네. 좋아, 나는 강아지를 좋아해! 잠깐, 저 털북숭이가 으르렁거리네. 위험하니까, 당장 도망쳐!"

다음에 짖는 강아지를 또 마주치면, 뇌는 외부 데이터와 내부 데이터(신체 감각)를 결합하여 이를 이해하고, 두려움을 느끼며 즉시 도망쳐야 한다고 생각합니다. 이처럼 감정은 우리가 맞닥뜨리는 방대한 정보에서 의미를 만들고, 무슨 일이 일어나고 있는지를 이해할 수 있도록 도와줍니다.

감정은 의사 결정을 도와줍니다. 의사 결정에 가장 중심적인 역할을 합니다. 때로는 우리를 잘못된 방향으로 이끌기도 하지만, 감정은 과거의 지식을 바탕으로 위험을 파악하고 그에 따라 행동하는 데 도움을 주기도 하지요. 감정 연구자인 안토니오 다마지오 Antonio Damasio 는 "알맞은 곳에 제대로 자리를 잡은 감정은 이성이 원활히 작동되지 않을 때 유용한 지원체계가 됩니다"라고 이야기합니다. 감정은 문제를 식별하는 데도 도움이 됩니다. 무언가 변화가 필요하다는 신호를 주기도, 문제 해결이 필요하다고 강조하는 신호를 주기도 합니다.

감정은 결코 비합리적이지 않습니다. 인간이 만들어낸 감정과 이성 사이의 갈등은 고대 그리스 플라톤 Plato 의 가설로 거슬러 올라갑니다. 수 세기 동안 이성은 비합리적인 감정과 싸우는 인간의 우월한 능력으로 여겨져 왔습니다. 이후 도덕 대 부도덕, 이성 대 비합리성, 본능 대 자제력 등 다양한 방식으로 이성과 감정의 갈등이 이어져 왔습니다. 오늘날 심리학의 주요 가설은 본능을 담당하는 도마뱀 뇌(뇌의 일부 가운데 위험을 감지하는 부분-옮긴이 주), 감정을 담당하는 원숭이 뇌(혹은 포유류의 뇌), 그리고 이성 및 추론을 담당하는 인간 고유의 신피질, 이렇게 세 부분으로 뇌를 구분합니다. 하나 분명히 짚고 넘어가자면, 우리의 뇌에 도마뱀 뇌가 있다고 해도 절대 믿지 마시길 바랍니다. 이 가설의 바탕이 되는 뇌 해부학은 우리 뇌의 진화나 작동 방식에 근거하지 않는다는 결함이 있습니다. 감정과 이성은 서로 상충하는 뇌의 각 부분에 따로 존재하는 것이 아니라 본질적으로 서로 얽혀 있습니다. 가만히 생각해 보면 감정은 지극히 이성적인 경우가 많습니다. 길거리에서 누군가 소리를 지를 때 느끼는 위협, 애지중지 키우던 금붕어가 죽었을 때 느끼는 슬픔. 이러한 감정들은 매우 이성적인 반응입니다. 특정 순간에는 전혀 이해할 수 없는 감정이라도 그 감정이 어디에서 왔는지 살펴보면 이해할 수 있습니다.

감정은 안전과 생존을 도와줍니다. 감정이 없다면 우리는 필요할 때 도움을 청하지 못하고 개에게 물릴 수도 있습니다. 감정은 우리에게 쏟아지는 수많은 데이터에서 위험을 발견하고, 경험을 바탕으로 이를 예측하고, 무엇을 피해야 하는지를 알 수 있도록 도와줍니다. 감정은 우리의 몸과 마음을 위험으로부터 관리하는 데 도움이 되는 상태로 만들어 궁극적으로는 우리의 생존을 유지하게 해줍니다.

감정은 본질적으로 기억과 연결되어 있습니다. 인생에서 불행했던 시기를 한번 떠올려보세요. 이미지나 단어만 떠오르는 게 아니라 그 기억이 생생히 느껴지지 않나요? 우리가 느끼는 감정은 기억의 본질적인 부분입니다. 그리고 이는 과거의 경험을 바탕으로 현재 상황에서 무엇을 기대할 수 있는지를 알려주고, 우리의 다음 행동을 안내해줍니다. 뇌는 현재 상황을 이해하기 위해 데이터 은행에서 가장 일치하는 데이터를 꺼내 그에 따라 반응합니다.

감정은 미래를 예측해서 내가 어떤 행동을 취해야 할지를 알려줍니다. 앞의 예시처럼 우리가 느끼는 감정은 우리가 처한 상황에서 어떤 행동을 해야 하는지를 파악하는 데 도움을 줍니다. 슬픈 영화를 보면 울고, 무서운 동물을 만나면 피하는 것처럼요. 배가 고플 때는 빨리 뭐라도 입에 넣고 싶은 충동에 심술궂은 grumpy 기분이 들기도 합니다. 감정은 뇌가 신체 반응을 지시하고 필요한 경우 적절한 조치를 하도록 도와주는 신호입니다. 점심을 먹는 것을 깜빡했을 때, 닥친 위협에 적절한 대응이 필요할 때 감정은 유용하게 사용됩니다. 그뿐만이 아닙니다. 뇌가 더 이상 관련 없는 규칙을 계속 적용하거나 예측할 때도 감정이 도움이 됩니다. 이처럼 감정이 우리의 반응으로 이어지는 이유를 이해하면 반대로 반응을 차단할 수 있는 중요한 방법도 얻을 수 있습니다.

감정은 신체 예산을 관리하고 자원을 사용하는 방법을 알려줍니다. 감정의 중요한 기능 중 하나는 우리 몸의 예산을 관리하는 데 도움을 준다는 것입니다. (신체 예산을 관리하는 것은 우리 뇌의 주요 목적이기도 합니다). 인간이 사용가능한 에너지와 자원이 한정되어 있기에 뇌는 이를 현명하게 관리해야 합니다. 에너지는 역사적으로 감정과 연관되어 왔습니다. 감정emotion이라는 단어는 '움직임'을 뜻하는 라틴어 mot에서 유래되어 17세기 영국에서 신체의 움직임을 묘사하는 단어로 사용되기 시작했습니다. 이후 18세기에는 감정이라는 단어는 신체의 움직임 또는 정신적인 감정의 변화를 묘사하는 의미로 발전했습니다(더 자세한 설명은 236쪽의 참고 도서 목록에서 알아보세요).

긴장감과 같은 감정은 뇌가 우리 몸이 무엇을 어떻게 움직여야 하는지 전달하는 기능을 합니다. 예를 들면 나에게 직장 상사가 말을 건다면 뇌를 깨우기 위해 더 많은 에너지를 소비하게 만들고, 친구와 가벼운 대화를 나눈다면 긴장을 풀고 에너지를 절약하게 만드는 식이지요. 이렇게 감정은 우리 몸이 언제 에너지를 소비하고 언제 에너지를 절약해도 괜찮은지 결정을 내리는 데 도움을 줍니다. 뇌는 이러한 결정을 항상 인식하는 건 아니지만, 건강을 유지하기 위해 에너지의 저장과 인출을 관리하는 노력을 끊임없이 하고 있습니다.

감정은 우리가 다른 사람들과 소통하는 데 도움을 줍니다. 감정은 의미를 전달하고 다른 사람들과 소통하고, 다른 사람들이 어떻게 반응해야 하는지 모를 때 그 방법을 알려주는 문화적인 공용어가 되기도 합니다. 우리 뇌는 다른 사람의 감정을 계속해서 인식하면서 대응할 수 있도록 만들어줍니다. 안타까운 뉴스를 보면 기부를 하고, 슬프고 괴로워하는 자녀를 안아주면 자녀와 부모의 신경계가 진정되는 데 도움을 줍니다. 이렇게 우리의 행동은 다른 사람의 감정을 조절하는 데 도움을 줍니다. 감정은 우리를 하나로 묶어주고, 우리의 뇌와 신체를 서로 연결하며, 소통을 통해 다른 사람들을 도울 수 있도록 만들어줍니다.

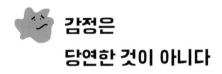# 감정은
당연한 것이 아니다

지난 인간의 역사 속에서 감정이 어떤 취급을 받아왔는지를 살펴보면 감정이 불만을 갖는 게 당연합니다. 그간 감정은 비이성적인 반응이나 골치 아픈 욕망과 열정과 같은 의미로 취급되어 왔기 때문이죠. 19세기 초 스코틀랜드의 윤리학 교수인 토머스 브라운 Thomas Brown이 감정을 과학적 범주로 연구해야 한다고 제안하기 전까지, 오늘날 우리가 사용하는 감정이라는 단어는 아예 존재하지도 않았고 감정은 완전히 무시당하기도 했습니다.

물론 그전에 감정이 없었던 것은 아닙니다. 감정을 표현하는 마땅한 표현이 없었던 것이지요. (마침내) 이름을 얻었다고 문제가 모두 해결된 것은 아니었습니다. 그 이후로도 사람들은 감정을 정의하는 데 어려움을 겪어왔으니까요. 감정은 오해받기도 하고, 수치스러운 것으로 묘사되거나 경험해서는 안 되는 부정적인 것으로 묘사되었습니다. 사람들은 감정이 모두 마음속에 있다고 말하면서도 감정을 원치 않거나 불필요한 것으로 여겨 왔습니다. 그리고 최악의 모욕은 아니지만 '당연한 것'이라고도 불려 왔습니다.

그렇다면 감정은 정말 당연한 것일까?

저는 대학에서 기본적 감정 혹은 보편적 감정이라는 개념을 배웠고 이를 의심 없이 받아들였습니다. 간단히 설명하자면, 우리의 뇌는 우리가 누구인지, 어디에 살고 있는지, 어떤 문화권에 살고 있는지에 관계없이 모두가 공유하는 일련의 공통된 감정을 갖도록 연결되어 있다는 의미입니다. 각 감정은 뇌와 신체에서 뚜렷한 생리적 반응을 일으켜 패턴을 만들고, 표정이나 신체적 징후 또는 행동과 같은 특정한 방식으로 표출됩니다. 기본적으로 기본 감정은 각각 뇌와 신체 반응에 따른 특징이 있으며, 이러한 특징은 삶에서 일어나는 모든 일에 의해 촉발됩니다. 그리고 우리 모두 이러한 감정을 느낀다는 이유로 감정은 보편적이라는 취급을 당해 온 것이지요.

감정의 보편성이라는 개념은 진화론의 대가인 찰스 다윈Charles Darwin의 이론에 뿌리를 두고 있습니다. 당연히 다윈은 진화론적 관점, 즉 "감정이 우리에게 어떤 도움이 되는가?"의 관점으로 감정을 인식했습니다. 사랑이라는 감정은 관계를 맺게 하고, 자손을 낳고 보호하여 궁극적으로 우리의 생존을 돕습니다. 분노는 우리의 영역을 보호하고 사랑하는 가족을 보호하며 (역시) 생존에 도움이 됩니다. 1872년에 출간된 저서 『인간과 동물의 감정 표현The Expression of the Emotions in Man and Animals』에서 다윈은 "인간에게는 여러 가지 기본 감정이 있으며, 각각의 감정들과 유전된 반사 신경이 있다"라고 언급했고, 다윈의 견해는 특정한 감정 유발 요인이 뇌 구조와 연관되어 특정 행동을 유발한다는 지배적인 견해에도 영향을 미쳤습니다.

시간이 흘러 1977년, 칼 세이건Carl Sagan은 도마뱀 뇌에서 감정적 뇌, 이성적 뇌로 점점 더 정교한 단계로 진화하는 '삼위일체 뇌'라는 진화론적 뇌 모델을 대중화했습니다(1969년 신경과학자 폴 맥린 Paul MacLean이 먼저 제안한 개념입니다). 우리가 알고 있는 전통적인 개념, 즉 뇌에는 특정 감정 영역이 있고, 이 영역은 보다 정교한 이성 영역과 줄다리기를 하고 있다는 개념입니다.

보편적이고 기본적인 감정에 대한 이 생각은 1990년대와 그 이후까지 우리의 정서와 문화 전반을 지배했습니다. 그리고 폴 에크먼Paul Ekman의 연구는 이러한 개념을 뒷받침하는 것처럼 보였지요.

그는 연구를 위해 전 세계 사람들에게 인물의 표정이 담긴 사진을 보여주고 감정과 정확하게 일치하는 단어를 찾아내는 실험을 진행했습니다. 그 후로 보편적인 감정의 양에 대한 논쟁은 계속되고 있지만(이론에 따라 4가지에서 27가지 이상으로 다양합니다), 감정이 어떻게 작용하는지에 대하여 대체로 합의가 이루어진 것으로 여겨졌지요.

지금도 여전히 유지되고 있는 이러한 관점은, 각 감정마다 감정을 정의하고 구분하는 예측 가능한 생리적 뇌 패턴이 존재한다는 것입니다. 오늘날 대학 도서관에 있는 많은 교과서도 이 이론을 지지하고 있지요. 대중문화의 여러 측면에도 이 관점이 영향을 미치고 있습니다. 영화 〈인사이드 아웃〉을 본 적 있나요? 감정이 우리 삶에 어떤 영향을 미치는지 훌륭하게 묘사한 영화입니다. 영화를 자세히 보면 등장인물들이 우리 뇌의 개별적인 범주에 존재하는 기본 감정에 기반하고 있음을 알 수 있습니다. 하지만 일부 감정 패턴은 공통적으로 나타나지만, 감정이 뇌의 특정 영역에서 비롯된다는 증거는 없습니다. 또한 어떤 감정도 교과서의 이론이 말하는 대로 명확하고 단순하게 생기지는 않습니다.

감정 구성 이론

　일반적으로 감정을 정의하는 것은 어렵습니다. 사람들에게 감정이 무엇인지 물어보면 다양한 답이 돌아올 겁니다. 보편적으로 합의된 답이 없기 때문에 질문도 생각만큼 간단하지 않지요. 감정이 무엇인지 정확히 정의하는 것은 그 자체로 거대한 논쟁의 주제입니다. 실제로 현재까지 진행된 연구만 해도 감정에 대해서 92가지나 되는 서로 다른 정의를 내리고 있습니다. 따라서 감정을 기본적인 것이라고, 당연한 것이라고 여겨서는 안 됩니다. 그 이유를 알아보기 위해 가장 최근의 연구 결과를 살펴보겠습니다. 이 연구의 모든 것은 실패에서부터 시작되었습니다.

　세계적인 뇌 과학자 리사 펠드먼 배럿Lisa Feldman-Barrett은 초기 심리 실험이 실패한 것처럼 보였을 때 실망감을 느꼈습니다. 실험참가자들이 불안과 우울이라는 감정을 뚜렷하고 명확하게 구분하지 못했기 때문이었죠. 그 이유는 무엇일까요? 왜 그는 다른 두 감정에 대한 명확한 신체 징후를 찾지 못했을까요? 그는 수천 건의 감정 발생에 따른 뇌의 활동, 얼굴 표정, 신체 활동을 조사했지만 서로 다른 두 감정 사이의 일관된 패턴을 발견하지 못했습니다. 그의 연구는 여러 문화권에서 감정을 보편적으로 표현하는 것이 가능한지에 대한 의문도 제기했습니다. 그의 연구는 감정의 본질에 대한 의문을 제기한 것이죠. 감정은 단순히 우리 주변에서 일어나는 일에 대한 반응이 아니라 우리가 살고 있는 세상을 이해하기 위해 뇌가 구성하는 것입니다. 이것이 바로 감정 구성 이론이라고 하는 새로운 관점입니다.

뇌 연구는 지난 수십 년 동안 눈부시게 발전했습니다. 뇌에서 도마뱀이 사라졌고, 각각의 감정에 표준 패턴이 없다는 것도 알게 되었습니다. 묘사, 주관적 경험, 뇌 활동, 신체 활동 등 사람이 감정을 경험하는 방식이 사람마다 현저하게 다를 수 있다는 것도 알게 되었습니다. 우리 뇌는 다 비슷해 보이지만 그 안의 연결은 무한히 가변적이고, 이는 뇌가 작동하는 방식은 물론 감정을 경험하는 방식도 매우 다양합니다.

뇌는 감정을 형성하는 데 적극적으로 참여하고, 데이터에 대한 이해를 바탕으로 의미를 만들어냅니다. 뇌는 세상에 대한 내부 데이터(신체 감각)와 외부 데이터(맥락)를 결합하여 의미를 부여하고 우리의 행동을 유도합니다. 우리의 뇌가 어떻게 감정을 구성하는지 시간을 갖고 천천히 이해하는 것은 우리가 우리 자신을 이해하는 방법과 인간의 의미가 무엇인가를 이해하는 지에 중요한 영향을 미칩니다. 또한 감정을 이해하는 것은 매일 느끼는 감정에 영향을 미치기도 합니다. 저는 이 책을 통해 감정의 롤러코스터에 놀라고 두려워하는 대신, 오르락내리락하는 롤러코스터에서 감정의 굴곡을 발견하는 방법과 우여곡절을 발견하는 방법을 그리고 이를 어떻게 극복할 수 있는지 알려드리고자 합니다.

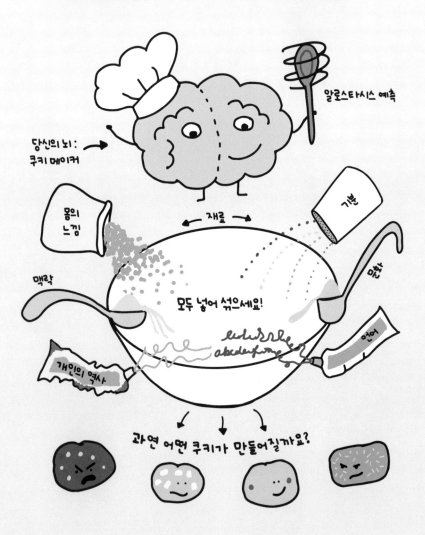

 감정의
재료들

최근의 신경과학은 우리가 감정을 만든다고 하는데요. 이번에는 감정을 한 번 구워보겠습니다! 리사 펠드먼 배럿이 사용한 '감정 쿠키 굽기'는 우리가 느끼는 감정이 사람, 장소, 시간에 따라 감정이 크게 달라지는 이유를 훌륭하게 설명하는 비유입니다. 저 역시 감정을 쿠키로 생각하면 훨씬 더 친근하고 관리하기 쉬워진다고 생각해요. 내가 굽는 쿠키는 맛이 좋은 쿠키도, 그렇지 않은 쿠키도 있을 겁니다. 하지만 이 모두 궁극적으로는 우리를 지탱해 주는 존재입니다. 쿠키를 잘못 구울 때도 있을 겁니다. 하지만 이를 통해 교훈을 얻고 다음에 쿠키를 구울 때는 재료를 다르게 넣어 조금 다른 쿠키를 만들면 됩니다.

쿠키의 재료는 상당히 표준적인 것처럼 보이지만 모든 쿠키가 똑같지는 않습니다. 실제 생활에서 쿠키의 재료는 매우 다양합니다. 우리는 모두 다른 쿠키 반죽을 만들고 있으니까요. 예를 들어, 재료 하나를 조정하면 (가령 평소보다 조금 더 피곤한 상태라면) 반죽이 달라져서 맛도 달라집니다. 이처럼 우리의 두뇌, 경험, 몸 등 쿠키의 재료는 무척 다양하기에 무한한 가능성과 결과가 나올 것입니다. 자, 이제 감정 쿠키를 만들어 볼까요?

쿠키 메이커

재료를 살펴보기 전에 모든 재료를 결합하여 감정의 최종 결과물인 쿠키를 굽는 쿠키 메이커를 떠올려보겠습니다. 뇌는 수석 셰프입니다. 주방에서 모든 재료가 들어오는 것을 파악하고 그에 따라 필요한 조치를 취하는 역할을 하지요. 쿠키의 레시피를 만들기에 앞서 먼저 쿠키 반죽을 만드는 데 중요한 뇌의 몇 가지 기능을 이해해야 한다.

알로스타시스allostasis는 뇌의 기능 중 하나입니다. 앞서 살펴본 것처럼 신체의 에너지 예산을 유지하기 위해서, 뇌는 에너지가 발생하기 전 무엇이 필요한지를 예측해야 합니다. 이 과정을 알로스타시스라고 합니다. 변화나 다름을 뜻하는 allos와 현상유지를 뜻하는 stasis의 합성어인 알로스타시스는 우리 뇌가 무서운 것에서

도망치기 위해 에너지가 필요할 때, 휴식을 취해야 할 때, 에너지를 충전해야 할 때(카페라테 한 잔 주세요……)를 미리 예측하는 과정을 뜻합니다. 예측은 우리 뇌가 필요한 곳에 자원을 투입하고 앞으로 다가올 일에 적절히 대응할 수 있도록 신체를 준비시킵니다. 즉 이는 생체적응의 핵심이기도 하지요. 생체적응은 감정에 영향을 미치는 신체 감각을 만들어냅니다. 하지만 뇌가 예측을 하기 위해서는 첫 번째 재료가 필요합니다.

쿠키의 재료

• 첫 번째 재료: 당신의 역사

미래를 예측하다니, 뇌라는 이 놀라운 기관은 어떻게 예측을 하는 걸까요? 뇌는 이미 알고 있는 과거를 바탕으로 앞으로 일어날 일에 대한 최선의 추측을 내립니다. 과거는 세상을 이해하기 위해 뇌가 네트워크를 연결하는 데 도움을 줍니다. 뇌는 새로운 정보를 지식 저장소에 있는 가장 유사하고 눈에 잘 띄는 예전 정보와 대조해 뇌가 어떻게 반응해야 하는지 알려줍니다.

햇볕이 내리쬐는 야외에 앉아 스무디를 마시며 휴식을 취하고 있을 때, 지나가는 무언가가 눈에 들어오면 뇌는 정보은행을 거쳐 그 무언가를 말벌로 추정, 달콤한 음료가 말벌의 가장 유력한 표적이라고 판단합니다. 그리고 뇌는 신체의 행동을 지시해 말벌을 쫓아내거나 음료를 옮길 준비를 합니다. 다시 살펴보니 붉은빛이 번쩍이네요. 그러면 뇌는 말벌을 무당벌레로 재분류하고 몸에는 지금의 휴식을 즐기라고 지시합니다. 이러한 과정은 뇌가 감정을 분류하는 데 도움을 주는 것을 물론, 현재의 경험을 예전 기억 중에서 가장 가깝고 유사한 기억을 찾아내 감정을 정의하는 데에 도움을 줍니다.

• 두 번째 재료: 몸

우리 몸은 생명을 유지하기 위해 다양한 기능을 끊임없이 수행합니다. 배가 아프거나 말벌을 보고 심박수가 빨라지는 경우처럼 알아차리기 쉬운 기능도 있지만 우리 몸의 침입자와 싸우기 위해 끊임없이 경계하는 면역 반응, 우리 몸에 메시지를 보내는 내분비 시스템, 뇌에서 서로 연결되는 뉴런처럼 알아차리지 못하는 기능도 많습니다. 매일 종일 내내 복잡한 신체 시스템은 우리를 지원하기 위해 초과 근무를 하고 있으며, 뇌는 통제실의 주인으로서 피드백에 따라 정기적으로 미세한 조정을 통해 공장의 기능을 유지합니다. 이 모든 것을 알아차리기 어렵지만 우리가 이 과정을 이해한다면 뇌가 내부 정보와 외부에서 들어오는 정보를 사용하여 어떻게 기능하는지를 알 수 있습니다. 예를 들어 말벌을 봤을 경우라면 뇌는 외부 데이터와 내부 데이터를 결합하여 무슨 일이 일어나고 있는지 이해하고 두려움을 느낍니다. 하지만 콘서트장 같은 다른 맥락에서 같은 신체 감각을 느꼈을 경우, 흥분을 느낄 수 도 있지요(사람들이 많은 곳을 싫어하는 경우라면 두려움을 느낄 수도 있지만요). 이처럼 신체 감각은 주어진 상황에서 무슨 일이 일어나고 있는지 이해하는 데 핵심적인 역할을 하는 감정의 핵심 요소입니다.

• 세 번째 재료: 기분

기분 (보다 과학적으로 말하면 정동affect*)은 일반적으로 우리가 느끼는 일반적인 감정에 대한 감각입니다. 하루에 느끼는 "짜증 나", "우웩!", "오, 예!" 같은 기분은 감정의 혼합에서 중요한 부분입니다.

배고픔, 갈증, 질병, 체온, 뇌 화학물질, 호르몬, 장기 기능, 함께 있는 사람, 에너지 사용량, 피곤함 같은 이러한 신체 과정들(그리고 더 많은 것들)이 전부 특정 순간 느끼는 기분에 영향을 미칩니다. 기분은 우리 몸에서 일어나는 모든 일의 요약으로, 뇌의 가장 영리

❀ 긴장되고 생존에 위협이 되는 상황에서 느끼는 공포처럼 경험해서 아는 게 아니라 자극에 대한 무의식적이고 생리적인 반응

한 표현 수단이 됩니다. 리사 펠드먼 배럿은 이러한 기분을 "내가 어떻게 지내고 있는지를 알리는 바로미터이자, 신체 예산이 균형을 이루고 있는지 아니면 균형이 깨져 부족한 상태인지 알려주는 힌트"라고 설명합니다. 기분은 본질적으로 함께 작동하는 것으로, 신체와 마음을 분리하는 것은 논리적으로 말이 되지 않습니다. 모든 신체적 과정은 좋거나 나쁘다고 느끼는 우리의 기분에 따라 요약됩니다. 기분은 인간이 경험하는 감정의 보편적인 기반이며 각성(높은 에너지 또는 낮은 에너지)과 유의성(유쾌함 또는 불쾌함)이라는 두 가지 차원에 따라 달라지게 됩니다.

• 네 번째 재료: 맥락

이미 이 재료를 여러 번 언급했지만, 때때로 섞이는 과정에서 놓칠 때가 있습니다. 맥락은 정기적으로 들어오는 외부 데이터로, 예측과 신체 예산에 영향을 미칩니다. 매일 여러분은 위협을 겪고 있나요? 그렇다면 뇌는 어떻게 신체를 활성화해서 이에 대응해야 할까요? 안전하신가요? 그렇게 느낀다면 신체 예산을 절약하고 보충할 수 있을까요? 주변 사람들이 여러분의 신경계를 조절하고 몸의 균형을 유지하도록 도와주나요? 아니면 균형을 깨뜨리고 있나요? 일상적인 맥락은 뇌가 느끼는 감정을 가장 잘 분류하는 데에도 결정적인 영향을 줍니다. 콘서트에서 느끼는 흥분이나 시험 전의 긴장감 등 상황과 맥락에 따라 같은 신체적 감각도 다르게 정의될 수 있습니다.

• 다섯 번째 재료: 문화

우리의 감정은 뇌의 지식 구조를 사용하여 구성되며, 이러한 구조와 개념은 본질적으로 우리의 문화적 배경과 연결되어 있습니다. 심지어 감정은 문화라고 말할 수도 있지요. 슬픔에 어떻게 반응하는지, 슬픔을 어떻게 인식하는지(슬픔을 인식한다면), 더 나아가 슬픔이란 감정에 대해 어떻게 생각하는지 모두 우리가 존재하는 문화와 연관되어 있습니다.

사실 일부 문화권에서는 감정이라는 단어는 존재하지 않습니다. 따라서 여러분이 무엇을 느끼고, 어떻게 느끼며, 이에 어떻게 반응하는지는 문화의 생각과 얽혀 있습니다.

우리의 신념 또한 감정을 만드는 데 도움이 됩니다. 두뇌가 무언가를 예측하고, 다양한 상황에서 몸이 반응하는 방식에 영향을 미치기 때문이지요. 예를 들어, 슬픔을 애도할 때 소리 내어 울어야 하는지, 조용히 눈물만 흘려야 하는지 등 처한 상황에 어떻게 우리 몸과 뇌가 행동해야 하는지를 알려주고 알맞은 사회적인 행동이 무엇인지를 분류하고 이해할 수 있도록 도와줍니다.

• 여섯 번째 재료: 언어

언어는 세상과 우리의 경험에 이름표를 붙이고, 분류하고, 이해하는 데 사용하는 도구입니다. 행복, 불안, 좌절, 분노는 모두 우리의 감정을 분류하고 이해하고 이를 다른 사람들에게 전달하기 위해 사용하는 일종의 이름표입니다. 우리가 느끼는 감정을 설명하는 데 사용하는 단어는 이러한 감정을 이해하고 그에 대해 무엇을 해야 할지 결정하는 데 도움을 줍니다. 단어는 우리의 복잡한 감각, 외부 및 내부 입력에 구조와 의미를 부여합니다. 하나의 이름표(예: 분노)는 한 가지 감정을 의미합니다. 이름표를 붙인다는 건 하나의 개념 아래 다양하고 유사한 감정들을 하위로 분류할 수 있다는 의미기도 합니다. 감정의 언어도 마찬가지입니다. 개라는 이름표는 핏불, 코카-푸(코카스패니얼과 푸들의 교배종), 그레이트데인을 의미합니다. 심지어 코카-푸의 개념조차도 색깔, 크기 또는 기질에 따라 크게 다를 수 있지요. 감정도 마찬가지입니다. 분노는 누군가 나에게 잘못을 저질렀을 때 느끼는 분노를 의미할 수도 있고, 회의에서 누군가가 나를 비하했을 때 느끼는 모멸감을 의미할 수도 있습니다. 각각의 사건에 대한 감정은 눈물을 흘리거나 얼굴을 붉

히거나 소리를 지르는 등 다양하게 나타날 수 있습니다. 각 감정
의 카테고리 안에는 경험, 기분, 신체 반응 및 행동이 포함되며, 이
는 사람마다, 상황마다 달라집니다.

• 변하지 않는 레시피

가능한 재료와 쿠키 믹스가 너무 많기 때문에 오븐에서 쿠키를
꺼냈을 때의 결과물은 사람마다 다르고 심지어 같은 사람이라도
시간이 지날수록 달라질 수 있습니다. 감정은 뇌에 들어오는 내부
및 외부 데이터의 복잡한 조합을 분류하고 개념을 부여해 우리가
그 데이터를 어떻게 느끼는지 이해하려는 뇌의 시도입니다. 궁극
적으로 우리가 생존하고 번성하는 데 도움이 됩니다. 감정을 만들
어내는 데에 공통적인 요소가 있을 수 있지만, 각기 다른 요소에
따라 결과물은 완전히 달라질 수 있습니다.

감정은 바꿀 수 없지만 다룰 수는 있다

 감정은 반응이 아니라 특정 맥락에서 신체 감각이 의미하는 바를 구성하는 것입니다. 그렇다면 감정에 대한 책임이 나에게 있다는 뜻일까요? 절대 아닙니다. 뇌가 이해하는 반응과 실제 신체 반응 자체는 과거의 경험을 바탕으로 만들어지고, 우리는 그것을 바꿀 수 없고 그 순간에 느끼는 감정도 바꿀 수 없습니다. 그러나 감정을 통제할 수 없다고 인식하는 것이 아니라 나 자신을 감정의 설계자로 인식하기 시작하면 뇌는 다르게 예측하고 반응하는 법을 배우게 됩니다. 우리가 미래를 내다보며 롤러코스터가 어디로 향할지 생각하고 안내한다면 최선의 노력을 다했음에도 롤러코스터가 때때로 내리막을 향해 내달리는 원인을 파악할 수 있습니다. 뇌가 왜 그런 반응을 보이는지 이해한다면 피할 수 없는 감정을 더 잘 견뎌낼 수 있습니다. 이제 뇌와 우리의 신체에 대해 조금 더 자세히 알아볼까요.

뇌의 초능력

신경과학자 칼 프리스턴Karl Friston은 뇌를 일컬어 "불확실한 세상에서 취약한 신체를 이끄는 예측 기관"이라고 설명합니다. 실제로 뇌는 매 순간, 매초 마다 다음에 일어날 일을 예측하고 신체가 이에 대응할 수 있도록 준비합니다. 즉, 예측은 뇌가 부리는 초능력이라 볼 수 있지요. 그리고 이러한 예측이 알로스타시스의 핵심입니다. 지금 이 책을 읽고 있는 이 순간에도 뇌는 다음 커피를 예측할 정도로 우리 뇌는 항상 한발 앞서갑니다. 사실 나의 뇌는 이 문장에 커피가 아니라 단어를 넣어 완성하려고 했어요. 여러분도 아마 이렇게 예측하며 문장을 읽었을 거예요. (지금의 저만큼 카페인 수혈이 간절하지 않았더라면요). 여기까지 읽은 후 당신의 뇌는 예측이 틀렸다는 것을 인식하고, 빠르게 바뀐 문장에 적응하기 위해 다시 열심히 머리를 굴렸을 겁니다. 제가 경험한 가장 강력한 예측은 고장 난 에스컬레이터에 발을 디뎠을 때, 에스컬레이터가 움직이지 않았는데도 마치 바닥이 계속 움직이는 것처럼 느껴지는 순간이었어요. 이처럼 뇌는 예측을 통해 일을 처리하고, 예측이 틀렸을 경우 새로운 정보를 처리하기 위해 바지런히 움직이지요.

이러한 예측은 우리가 살아오면서 쌓아온 지식을 바탕으로 가까운 미래에 일어날 일에 관한 가장 최선의 추측이라고 할 수 있습니다. 여기에는 현실보다 한발 앞서 대응할 수 있도록 하는 목적이 있습니다. 만약 우리 뇌가 각 상황을 사실적으로 분석한 후에야 어떻게 반응할지 결정한다면, 인간은 하나의 종으로서 살아남을 수 없었을 거예요. 예측을 통해 뇌에 더 많은 에너지가 필요하다고 판단되면 뇌는 적시에 대응하도록 신체를 활성화하기 시작합니다. 이러한 신체 반응이 우리가 느끼는 감정에 영향을 미칩니다. 물론 모든 신체 감각이 감정으로 이해되는 것은 아닙니다. 예를 들면 배고프다는 감정을 알려주는 감각도 있죠. 저혈당에 민감한 사람이라면 이 신체 감각을 기분이 언짢거나 배고파서 화가 난 느낌으로 받아들이는 것처럼요. 우리 뇌의 예측 능력은 우리가 음식을 먹을 것을 예상할 때 작동을 시작하고, 음식이 소화되어 우리 몸을 통해 에너지를 방출하기 훨씬 전에 배고픔을 포만감으로 전환합니다. 배가 고파서 짜증날 때 음식을 한 입 베어 물자마자 왜 기분이 좋아지는지 궁금한 적 있지 않나요? 그 이유는 뇌가 이제 괜찮아질 것이라고 예측하고 신체 반응을 즉각적으로 조절하기 때문입니다.

그러나 때로는 우리의 뇌가 만들어내는 예측이 그다지 도움이 되지 않을 때가 있습니다. 예를 들어, 힘든 일과를 마치고 잠들 준비를 하면 뇌가 나를 깨우는 것 같고 더 이상 피곤하지 않습니다. 이러한 반응이 뇌의 예측에 어떤 영향을 받는지 이해하려면 저의 경험을 살펴봐야 합니다. 저는 잠을 잘 자지 못했어요. 생리학적으로 저는 새벽 2시까지 일하고 늦게 일어나는 야행성 올빼미였습니다. 당연히 제 수면 패턴은 학교나 직장 생활과 맞지 않아서 평생을 일찍 자려고 노력해야 했지요. 10대 시절과 20대 시절에 잠을 이루지 못하고 깨어 있는 시간이 많았는데, 이는 그다지 유쾌하지는 않았어요. 그 결과, 이제 제 뇌는 잠을 자야겠다고 생각하면 긴장을 푸는 대신, 잠드는 어려움에 대처하기 위해 몸을 흥분시켰습니다(고마워 나의 뇌야. 하나도 도움되지 않아서). 그래서 저는 지난 몇 년 동안 뇌가 잠을 잘 때 어려움을 예측하지 않도록 편안하고 즐거운 취침 루틴을 만들어서 뇌가 훨씬 푹 쉬는 행동을 더 잘 예측하도록 가르쳤습니다.

미래를 예측한다

과거의 나쁜 상사를 만난 기억이 있다면, 다음에 만난 상사가 아무리 좋은 사람이라 해도 뇌는 예전의 나쁜 상사를 만났을 때의 기억을 되새기며 위협에 대처하기 위해 행동할 준비를 해야 한다는 예측을 계속 내립니다. 이러한 예측을 수정하는 데 오랜 시간이 걸린 뒤에야 배려심 많은 상사와의 만남을 기대하기 시작할 겁니다.

만성적인 스트레스 요인을 겪은 적이 있다면, 뇌는 다음 임박한 스트레스 요인에 대처할 준비를 하기 위해 높은 경계 태세를 유지해야 한다는 예측을 내립니다. 스트레스를 받은 일정 기간이 지나고 나면 뇌가 예측을 수정하는 데 시간이 걸릴 수 있습니다. 그리고 더 이상 높은 경계 태세를 유지해야 할 필요가 없어져도 계속 긴장감을 유지하게 되지요(위협을 과소평가하여 예측하는 것보다 과도하게 계측하는 편이 궁극적으로 우리를 안전하게 지켜주기 때문입니다). 이는 우리의 감정이 항상 현재 환경에서 일어나는 일과 객관적으로 관련되지 않는 이유를 일부 설명합니다. 뇌는 사건이 발생한 후에도 계속해서 예측을 내리기 때문에 더 이상 현재 상황에 맞지 않는다면 뇌의 미래 예측은 도움이 되지 않습니다.

어떤 사람에게는 불안감을 불러일으키는 요인이 다른 사람에게는 안전함과 안심을 느끼게 하는 이유는 무엇일까요? 왜 누군가에게는 귀엽고 사랑스러운 쥐가 다른 사람에게는 공포의 대상이 될까요? 자, 사람은 저마다 가지고 있는 지식 구조에 따라 현재 데이터에 대해 서로 다른 예측을 내립니다. 서로 다른 예측은 우리 몸이 서로 다른 방식으로 반응하게 만들고, 이는 우리의 감정에 영향을 미칩니다. 앞서 감정 쿠키에서 보았듯이 예측이 전부가 아닙니다(다음 장에서는 우리 몸에 영향을 미치고 기분에 영향을 미치는 다른 요인에 대해 살펴볼 예정입니다). 하지만 우리 뇌가 예측하는 이유, 그리고 뇌의 예측은 감정 롤러코스터의 중요한 부분이며, 끊임없이 인생을 앞으로 나아가게 해주는 원동력입니다. 지금 이 순간에는 롤러코스터를 즐기며 타고 있다고 생각할 수 있지만 뇌는 항상 한발 앞서서 앞으로 닥칠 일과 생존을 위해 신체 예산을 가장 잘 사용하는 방법을 예측합니다.

지리멸렬
Discombobulated
영어

혼란스럽고
당황스러움

익트수아르포크
Iktsuarpok
이누이트어

곧 도착할 손님을
기다리며
안절부절하는 마음

2장
감정마다 다르게 반응하는 이유

여러분은 감정의 롤러코스터가 오르내리지 않고 그저 순탄하게만 지속되기를 바랄지도 모릅니다. 아주 불가능한 일은 아니지만, 가능성이 크다고 할 순 없습니다. 우리 모두의 인생은 저마다 다른 일을 겪으며 예측할 수 없는 세상을 헤쳐나가야 합니다. 롤러코스터는 오르막과 내리막, 360도 회전, 나선형 구간, 심지어는 어두운 터널을 통과하며 목적지로 향합니다. 각각의 롤러코스터는 모양, 회전하는 방향, 주행 속도가 다르고 더 나아가 경로도 다릅니다. 우리 역시 각자 다른 마음, 신체, 경험이 있습니다. 이는 곧 우리의 뇌가 삶을 예측하고 이해하고 반응하는 방식 역시 모두 다를 수 있다는 뜻이지요. 이번 장에서는 각자의 고유한 감정 여정에 영향을 미치는 몇 가지 요인을 이해하고, 그 인생의 여정 속에 우리가 맞닥뜨려야 하는 도전과 어려움을 헤쳐나가는 데 도움이 되는 방법을 살펴보고자 합니다.

현재 여러분의 신체 예산은 어디쯤인가요?
어떤 요인이 신체 예산에 영향을 미치고 있나요?
저축이 필요한 때인가요?
어떤 이유로 신체 예산이 사용되고 있나요?

# 다양한
감정의 상자

거미가 있는 방에 사람 스무 명을 집어넣으면, 스무 명 각자의 신체와 뇌가 보이는 반응과 감정 경험은 모두 다를 겁니다. 몇 명이 동시에 무서운 감정을 느껴도, 그들 각자의 신체와 뇌 반응은 달라질 수 있습니다. 그래서 거미를 보고 무서워하는 아이들에게 "무서워할 거 없어"라고 말하는 것은 잘못된 방법입니다. 나의 뇌가 두려움을 인식하는 신체 감각을 만들어내지 않을 수 있지만, 아이들의 뇌는 다르게 예측하여 두려움을 인식하는 신체 반응을 만들어 거미를 무서워할 수도 있기 때문이지요. 이런 식으로 가끔 어른들은 아이들이 느끼는 감정을 무시해버리는 결과로 이어질 때가 있습니다(얘들아, 어른들이 미안해!).

우리는 어떤 사물이나 사건을 볼 때 객관적으로 반응해야 한다고 생각합니다. 도둑에 대한 올바른 반응은 두려움, 나비에 대한 올바른 반응은 신기함인 것처럼요. 하지만 이게 말처럼 쉽지는 않습니다. 특정 상황에서 특정 감정을 느껴야 한다는 통념은 정서적, 정신적 건강에 특정 감정을 강요하는 것입니다.

부정적 감정을 유발하는 감정의 강요

한 번쯤 "넌 행복해야 해. 네가 얼마나 운이 좋은지 봐", "저 사람이 슬플 일이 뭐 있어?", "무서워할 필요 없어" 같은 말을 들어본 경험이 있을 겁니다. 이런 말을 들으면 특정 감정을 일방적으로 자신과 타인에게 적용해 이를 느껴야 한다거나 느껴서는 안 된다고 생각하게 되지요(3장에서 살펴보겠지만 이런 감정 강요는 더 커다란 부정적 감정을 유발할 수 있습니다). 우리가 이렇게 생각이나 감정을 강요받는 이유는 각 개인의 배경과 경험이 모두 다르다는 것을 이해하지 못하기 때문입니다. 잊지 마세요. 누군가에게 '어떤 감정을 느낄 것이다'라고 단언할 수 없는 만큼, 감정의 강요는 우리 자신이나 다른 사람을 때리는 무기가 됩니다.

요즘은 흔히 뇌 스캔 사진을 볼 수 있죠. 이를 토대로, 인간은 모두 비슷한 방식으로 작동하는 비슷한 뇌를 가지고 있다고 생각하는 사람들도 있습니다. 인간의 뇌는 (항상 그런 건 아니지만) 대개 비슷한 구조로 되어 있고, 특정 영역이 손상되면 특정 기능에 어떤 영향이 미치는지 예측이 가능한 건 사실입니다. 그러나 뇌의 구조는 각각의 연결을 생각하면 훨씬 흥미롭습니다. 뇌에는 약 850억 개의 뉴런이 있고 뉴런은 신경전달물질과 신경 조절 물질 같은 화학물질의 도움으로 전기적 자극을 통해 서로 연결됩니다. 뉴런이 전부 연결되는 것은 아니지만 연결되는 뉴런의 수는 약 500조 개에 달할 정도입니다. 복잡한 네트워크는 엄청난 양의 다양한 패턴을 통해 뇌의 각 영역에 연결되고 또 나아가 우리 몸에도 연결됩니다. 각각의 뉴런은 각각의 목적이 있으며, 서로 다른 뉴런 그룹이 같은 목적을 달성하도록 (이를 축중縮重, degeneracy이라고 합니다) 연결 패턴을 방대하고 유연하게 변화시킵니다. 인간의 뇌는 일반적인 방식으로 유사하게 작동하지만 각 개인의 뇌는 주변 환경에 맞춰조율하고 가지치기를 합니다. 즉, 뉴런의 연결 패턴은 사람마다 모두 다르고, 고유합니다.

전 세계에 나와 같은 뇌를 가진 사람도, 두 사람의 뇌가 똑같은 방식으로 기능할 수도 없다는 사실도 그야말로 놀라운 일입니다. 우리의 복잡한 뇌는 존재하는 환경에 적응하고 스스로 연결합니다. 성장하고, 배우고, 인생을 살아가면서 뇌는 우리에게 들어오는 정보를 설명하기 위해 정보를 인코딩하고, 패턴을 생성하며, 이를 통해 미래의 정보를 예측합니다. 850억 개 뉴런의 구조나 화학물질은 다른 사람과 똑같은 방식으로 작동하지 않습니다. 어떤 상황에서 어떻게 반응하는지를 다른 사람과 비교하는 것은 의미 없는 일입니다. 인간은 모두 다르며, 마음도 다르게 작동합니다. 물론 인간의 경험에는 공통점이 있고, (문화권마다) 특정 방식으로 상황에 반응하고, 경험에 대한 집단의 이해는 개인이 느끼는 감정을 검증하는 데 도움이 되기도 합니다. 그러나 각 반응은 다양한 변수에 따라 고유한 특성을 보이고 있으므로, 서로의 공통점을 찾되 차이점을 깎아내리지 말고 서로를 인정해야 합니다.

감정은 끊임없이 나와 대화를 나눈다

뇌와 신체는 분리되어 있지 않고 끊임없이 서로 대화를 나눕니다. 뇌는 신체 일부로 뇌와 신체는 마음을 만듭니다. 뇌의 목표는 신체 감각을 이해하는 것이고, 앞서 살펴보았듯 이렇게 이해한 신체 감각 중 일부가 감정으로 이어집니다. 몸에서 일어나는 일은 감정을 만드는 과정의 하나로, 그 결과 신체 예산의 요약본인 감정이 만들어집니다. 마음과 마찬가지로 모든 사람의 신체는 조금씩 다르게 기능하여, 뇌가 해석할 수 있는 다양한 데이터와 기분(정동)을 만듭니다. 이러한 차이는 혈당 수치 조절이나, 심장 박동의 속도, 면역 체계 기능, 고통의 체감, 근육의 반응, 장의 움직임 등 다양한 신체 메커니즘으로 나타납니다. 개인의 신체가 기능하는 방식과 이에 영향을 미치는 요소는 너무도 다양하기에, 우리의 감정에 영향을 미치는 데이터는 그 양이 방대하고, 개인마다 혹은 같은 사람이라도 날마다 달라지는 것 역시 당연한 일이죠.

어젯밤에 잠을 잘 잤는지, 스트레스는 얼마나 받았는지, 운동을 했는지, 무엇을 먹었는지 등등, 우리의 경험도 우리 몸에 일어나는 일에 영향을 미칩니다. 뇌는 신체 예산을 관리하도록 설계되어 있으며, 제대로 작동하지 않으면 특정 상황에서 느끼는 감정과 감정을 해석하는 방식에 영향을 미칩니다.

뇌는 신체 예산의 균형을 유지하기 위해 끊임없이 노력하는데, 뇌가 균형을 유지하는 방식을 일종의 저축과 소비라고 생각하면 이해가 쉽습니다. 신체 예산은 하루 종일 변동하며 휴식과 잠 같은 저축을 통해 긍정적인 균형을 되찾을 수 있습니다. 그러나 스트레스를 받거나 뇌가 장기간에 걸쳐 신체 에너지 필요량을 잘못 예측하는 등의 이유로 소비가 너무 많아지면 예산이 심각하게 줄어들어 적자가 발생합니다. 이 모든 것이 기분과 감정에 영향을 미칩니다. 그러므로 몸을 돌보는 것은 감정을 돌보는 것에도 매우 중요한 부분이라 할 수 있습니다.

인간의 경험 중 한 가지 공통점은 바로 몸이 느끼는 일반적인 감각, 기분입니다. 기분은 우리 몸에서 일어나는 모든 일의 요약이며, 우리가 어떻게 지내는지, 우리 몸의 예산이 제대로 유지되고 있는지를 알 수 있는 지표입니다. 감정의 경험은 집단적이지만, 감각에 대한 성찰과 경험은 사람마다 다릅니다. 어떤 사람들은 신체에 세밀하게 반응하여 미묘한 변화를 알아차리지만 그렇지 않은 사람들도 있지요. 건강에 대한 공포를 경험한 사람이 몸의 감각을 훨씬 더 예민하게 알아차리는 것처럼 누군가는 경험에 따라 몸의 감각이나 정서를 알아차리는 데 더 집중할 수도 있습니다.

감정을 만드는 다양한 요인

어떤 사람의 감정은 심하게 요동치지만, 누군가는 평온한 바다에 산들바람이 부는 것처럼 우리의 감정은 다양합니다. 감정을 만드는 요인도 다양하지요. 누군가는 주변에서 일어나는 일에 과민하게 반응하고 다른 사람의 감정에 영향을 받는 반면, 타인의 감정에 면역력이 큰 사람도 있습니다.

우리의 감정이 다양하다는 일반적 사실을 받아들이면, 우리는 우리가 평생 경험하게 될 다양한 감정에 영향을 미치는 요소들을 이해할 수 있습니다. 그리고 이 요소들을 이해하면 이들을 필요에

따라 반응하고 감정 롤러코스터에서 다양한 감정을 만들어내도록

관리할 수 있습니다.

감정 연습 1

신체 예산을 확인하기

60쪽의 일러스트와 질문을 이용해 지금 자기의 신체 예산이 어느 정도인지 알아보세요. 편안한 휴식에서 막 돌아왔는지, 아니면 높은 스트레스로 여전히 신체가 적자 상태인지를요. 무엇이 신체 예산을 까먹고 있는지 알아보기 위해 머리끝부터 발끝까지 마음속으로 몸을 살펴보며 신체 스캔을 해보세요. 그리고 하루에 몇 번씩 내 기분이 어떤지를 스스로 물어보세요. 그러면 나의 몸이 나에게 무엇을 말해주고 있는지를 알아차릴 수 있을 거예요. 그리고 내가 어떤 감정을 느끼고 있는지, 내 신체 예산이 어떤지도 생각해 볼 수 있을 거예요.

감정 연습 2

신체 예산 관리하기

우리는 한정된 예산 내에서 소비와 저축을 반복하면서 몸을 씁니다. 신체 예산은 정서와 감정에 큰 영향을 미칩니다. 종종 신체 예산을 중요하게 생각하지 못하고, 비축해야 할 때를 알아차리지 못할 때가 있습니다. 카페인이나 알코올 같은 일시적인 예금을 이용해 잠깐이나마 몸을 충전하지만, 이런 것들은 근본적인 자원을 고갈시키고 우리 몸을 현혹합니다. 앞의 감정 연습과 일러스트를 참고하여 현재 나의 생활을 돌아보고, 내 몸에서 어떤 소비가 일어나고 있는지, 신체 예산이 필요할 때 어떻게 저축할 수 있을지를 생각해보세요.

저축	소비
☐ 휴식	☐ 만성 스트레스
☐ 잘 먹기	☐ 부족한 수면시간
☐ 수분 충전	☐ 나쁜 식습관
☐ 운동	☐ 질병
☐ 긍정적인 인간관계	☐ 고통
☐ 감정 인식하기	☐ 사회적 고립
☐ 자연광	☐ 운동 부족
☐ 배움	☐ 감정 억누르기
☐ 자연에 속하기	☐ 약물 복용
☐ 즐겁게 웃기	☐ 과도한 전자기기 사용
☐ 신체적인 편안함	☐ 휴식 부족
☐ 안아주기	☐ 트라우마
☐ 창조적 활동	☐ 과로

스트레스 요인 깃발 발견하기

우리를
둘러싼 세상

　우리는 예측할 수 없는 감정 롤러코스터를 타고 예측할 수 없는 세상을 살아가고 있습니다. 인간은 예측 가능성을 선호하고, 우리의 뇌는 들어오는 데이터에서 의미와 패턴을 찾도록 설계되어 있습니다. 예측 가능성이 높을수록 자원을 절약하고 생존하는 데에 도움이 됩니다. 하지만 우리가 아무리 체계적으로 스스로 정리한다고 해도 (즉, 일상을 예측한다고 해도) 누구나 불확실함을 마주할 수밖에 없습니다. 불확실성은 우리 뇌와 신체 예산에 큰 영향을 미칩니다. 예측하기 어려운 상황에 대처하기 위해 뇌는 많은 것을 요구할 수밖에 없기 때문이지요. 뇌에 들어오는 데이터가 뇌의 예측과 일치하지 않으면, 뇌는 정보를 재편성하고 이해하고, 예측을 수정합니다. 미래에 일어날 일에 대한 불확실성은 우리 뇌를 앞으로 다가올 일에 대응하기 위한 예측 가능성을 키우기 위해 뇌를 활성화시키며 에너지를 소모하게 만듭니다. 불확실성에 대응하기 위해서는 많은 인지 자원이 필요하고 이는 신진대사를 소모하고 신체 예산에서의 지출을 유발합니다. 이러한 상황이 너무 오래 지속되면 신체 예산이 고갈되어, 번아웃이나 각종 건강상의 문제를 겪을 수도 있지요.

코로나19 팬데믹에 전 세계 모두가 힘들었던 이유입니다. 앞날이 불확실했고, 새로운 규칙에 따라 끊임없이 라이프스타일을 바꿔야 했으며, 이전에는 들어본 적 없는 개념을 이해해야 하는 상황은 우리의 신체 예산에 커다란 영향을 미쳤습니다.

불확실성의 스트레스

예측할 수 없는 위협은 다양하게 나타납니다. 나를 괴롭히는 상사, 불쾌한 가족 구성원, 지나가는 차가 얼마나 위험한지 모르는 아이, 휠체어를 이용하기 불편한 도로 등, 모든 상황에서 뇌는 경계와 위협 예측을 고민합니다. 안전하지 않다고 느끼는 상황에서 (예를 들면 차별이나 괴롭힘, 따돌림, 인종차별 등) 뇌는 위협을 예측하고 잠재적인 위협에 대처하기 위해 더 많은 에너지를 소비합니다. 안전하지 않다고 느끼는 환경에서 성장한 사람 중에는 뇌가 위험을 대처하기 위해 뉴런을 연결하고 안전을 확보하기 위한 패턴을 만들어 자신을 보호했지만, 나이가 들면서 이 패턴을 깨지 못해 마음의 불편을 겪는 사람이 많습니다.

지금까지 우리는 감정에 부정적인 영향을 미치는 요인 스트레스에 대해 알아봤습니다. 스트레스는 감정의 롤러코스터를 탈 때만이 아니라 우리 인생에서도 피할 수 없는 부분입니다. 그러나 스트레스는 상황에 따라, 그리고 우리가 이를 어떻게 받아들이는지에 따라 긍정적으로 작용하기도 합니다. 실제로 놀이공원에서 롤러코스터를 타면 심장이 뛰고 신체적, 정신적으로 흥분되는 상태를 겪는데요. 이 경험을 누군가는 부정적으로 받아들이는 반면, 누군가는 즐겁고 긍정적인 경험이라 받아들이기도 하지요.

스트레스 요인은 급성(단기) 또는 만성(장기)으로도 설명할 수 있습니다. 누군가는 계속 공부해야 하는 새로운 커리어의 시작을 신나고 긍정적인 스트레스 요인으로 받아들이고, 자녀와의 말다툼은 단기적이고 회복이 쉬운 부정적인 스트레스로 받아들입니다. 이런 식으로, 스트레스를 받으면 우리 뇌는 신체가 대응할 수 있는 에너지를 확보하도록 일련의 반응을 일으킵니다. 이를 심리학에서는 '투쟁, 도피, 동결flight, fight, freeze' 반응의 변형으로 설명하는데요, 신체의 교감 신경계가 아드레날린과 코르티솔을 배출하여 스트레스 요인에 대처하도록 마음의 준비를 하게 만드는 것이죠. 신체 예산이 소모되는 스트레스 요인은 누구에게나 발생하는 삶의 일부입니다. 대부분 이런 스트레스를 받으면 금방 회복되고, 심지어는 스트레스에 대응하여 더 강해지기도 합니다.

매번 달라지는 감정들

스트레스 요인이 감정을 만들어내지만, 이러한 반응이 항상 스트레스로 분류되지는 않습니다. 오히려 현재 상황을 이해하기 위한 하나의 감정적 이름표와 비슷하지요. 투쟁, 도피, 동결 등 감정에 대한 반응은 다양하게 상황에 따라 달라집니다. 예를 들어 운동하거나 공포 영화를 볼 때, 즐거움이나 흥분을 느껴 심장이 두근거립니다. 하지만 갑작스럽게 심장이 통제할 수 없을 정도로 심장 박동이 거세게 뛰면, 무서움이나 불안을 느끼고 공포를 느끼게 됩니다. 어떤 감정이 일어나는지는 요소에 따라 매번 달라지기 때문에, 정확히 어떤 하나의 특정 요인 때문에 어떤 감정이 든다고 말할 수는 없습니다. 하지만 한 가지 확실한 것은, 오랜 시간 너무 많은 스트레스는 뇌, 신체, 건강 그리고 우리의 감정에 해롭고, 우리가 타고 있는 감정의 롤러코스터도 크게 낙하하게 됩니다.

만성 스트레스는 신체 예산을 심각한 적자로 몰아넣습니다. 뇌와 신체는 위협을 과도하게 예측하여 필요하지 않은 상황에서도 교감 신경계를 활성화합니다. 단기간 발생하는 코르티솔 분비는 면역력을 높이고 긍정적인 영향을 미칠 수 있지만, 장기간 이어지면 모든 신체 시스템에 영향을 주고, 건강과 감정에 부정적으로 작용합니다. 쉽게 지치고, 쉽게 기분이 나빠집니다. 신체 예산도 고갈되지요. 신체 예산의 지나친 적자는 밑 빠진 독의 물 붓기처럼 적은 양의 저축으로는 해결할 수 없습니다.

감정이 우리 몸에 미치는 영향

인간과 인간, 우리의 몸과 뇌는 서로 연결되어 있으며, 당연히 주변 사람들에게도 강력한 영향을 주고 또 받습니다. 지속적인 비판은 신체 예산의 잦은 소비를 일으키고, 뇌가 계속 비판을 예측한다면 신체 예산의 소비를 계속할 가능성이 커집니다. 회의에서 상사의 말 한마디가 (그리고 과거에 했던 말과 행동과 더해져) 마음에 평온함을 주는지 위협을 주는지 따라 우리 몸도 영향을 받습니다. 또한 퇴근 후 가족과의 관계에 따라, 즉 뇌가 예측하는 바에 따라, 우리는 평온함을 느끼기도 하고, 위협에 저항하는 반응을 보이기도 하지요.

안전하지 않다고 느끼면 신체 예산에 적자가 생길 수 있지만,

안전하다고 느끼면 신체 예산에 저축이 일어납니다. 물론 상황도 안전함을 느끼는 데 중요한 역할을 하지만, 가장 중요한 것은 감정 롤러코스터를 함께 타는 사람들, 즉 주변 사람입니다. 안전한 사회적 관계를 맺으면 저축이 쌓여 신체를 조절하고 스트레스가 감정에 미치는 영향을 줄일 수 있습니다.

감정의 인식이 중요한 이유

인간은 궁극적으로 사회적 동물이기 때문에 우리의 뇌는 다른 사람의 감정을 인식하고, 우리 몸과 뇌는 이에 반응합니다. 이를 설명하는 수많은 예가 있지요. 누군가와 함께 앉아 있으면 심장 박동이 느려지고, 손을 잡으면 안전함을 느끼며, 우는 아이를 안아 주면 아이가 진정되기도 하지요. 우리가 쓰는 말 역시 신체 감각을 만들어냅니다. 예를 들면 "사랑해" 같은 말은 우리의 생리기능에도 영향을 미칩니다. 우리의 행동과 말을 통해 우리는 신체 예산을 조절하고 관리할 수 있습니다.

다음 연습 문제를 통해 스트레스로 인해 발생하는 감정을 관리해 보세요. 감정을 조절하고, 관계를 감정의 재료로 쓰는 방법을 배우는 데 도움이 될 것입니다.

파이어아벤트
Feierabend
독일어

하루 일과가
끝날 때의
신나는 기분

감정 연습 1

스트레스의 신호

스트레스 요인은 피할 수 없지만 늘 나쁜 것도 아닙니다. 그러나 너무 많거나, 장기간 축적되는 스트레스는 해로울 수밖에 없습니다. 스트레스 신호는 내 몸의 문제를 해결하거나 고려해야 한다는 신호로, 이를 빠르게 알아차리는 것이 중요합니다. 다음 그림을 사용해 스트레스의 신호에 대해 생각해 보고, 자신의 상태를 인식하고 고민하는 방법을 배워보세요.

스트레스 퇴식

스트레스 요인에 어떻게 대응하느냐에 따라 스트레스를 줄이거나 늘릴 수 있습니다. 누구나 때때로 힘든 감정으로부터 도망치고 싶지만, 연구에 따르면 지속적인 회피는 건강에 좋지 않습니다. 하지만 스트레스 요인을 파악하고 이에 대응할 수 있는 유용한 방법을 찾으면 감정과 기분이 나아질 수 있습니다. (70페이지의) 일러스트를 참고해 여러분의 스트레스 요인을 파악한 다음, 어떤 아이디어가 도움이 될지 생각해 보세요.

감정 연습 3

공동 조절(Co-regulation)

이 도구는 감정을 조절하고 신체 예산에 저축하는 데 도움이 되는 강력한 도구입니다. 다음의 일문일답을 사용하여 이러한 도구를 감정에 효과적으로 사용할 수 있는 방법에 대해 생각해 보세요.

- 스트레스를 받거나 힘들 때, 누가 나를 위로해 줄까? 직장이나 집과 같은 다양한 상황을 고려해 생각해 보자.

- 특정 상황에서 내 감정을 같이 조절해주는 사람은 누구인가? (예: 직장에서 스트레스가 많은 하루를 보내고 퇴근한 나를 안아주는 아이, 등)

- 나를 위로해 주는 타인의 행동에는 어떤 것이 있는가? (예: 내 감정을 들어주기, 나를 안아주기, 같이 운동하기 등)

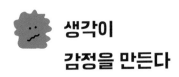

생각이
감정을 만든다

생각은 기묘한 존재입니다. 깨어 있는 매 순간 끊임없이 우리의 머릿속을 스쳐 지나가지요. 아무것도 하지 않는다고 생각할 때도 뇌는 과거와 미래를 넘나들면서 존재한 적도 없고 존재할 수도 없는 상상의 세계를 창조합니다. 생각은 이미지나 단어 혹은 둘 다일 수 있습니다. 때때로 생각은 우리에게 소리를 지르기도 하지만, 순간적이고 포착하기 어렵습니다. 생각이란 과연 무엇일까요?

수조 개의 연결로 이루어진 수백만 개의 뉴런을 기억하시나요 (63쪽 참조)? 생각은 뉴런이 패턴을 따라 서로 발화하도록 연결해주는 전기적 자극입니다. 생각은 뇌를 연결하여 감각 정보를 구성하고 이해하는 데 도움을 줍니다. 생각은 마음과 세상 사이의 창입니다. 들어오는 데이터 중 일부를 포착해 내가 집중하는 것에 따라 이를 필터링하고 예측하고 마음에 존재하는 구성에 따라 틀을 잡습니다. 생각은 고정된 것이 아니라 움직이고 변동합니다. 우리는 생각을 바꿀 수도 있고, 생각에 영향을 끼칠 수도 있고, 새로운 연결고리를 만들 수도 있고, 어떤 생각에 기대어 세상을 바라보는 특정 창으로 인식할지 학습할 수 있습니다. 그 때 우리의 뇌는 생각을 만들고, 경험에 따라 생각의 틀을 잡습니다. 그리고 우리는 이 창을 넓히거나 변형할 수도 있고, 완전히 다른 창을 통해 세상을 바라보는 대안을 선택할 수도 있지요.

우리가 하루에 얼마나 많은 생각을 하는지 그 추정치는 수천 개에서 수십만 개까지 다양합니다. 2020년의 한 연구에 따르면 우리는 하루에 약 6,200개의 생각 벌레thought worms를 경험한다고 합니다. 생각 벌레는 뇌 스캐너를 통해 뇌 활동(생각의 내용)이 눈에 띄게 변화하는 순간을 뜻하는 말인데요. 이 생각 벌레는 감정과 본질적으로 연결되어 있습니다. 그 수가 아무리 많아도 감정의 롤러코스터를 계속 함께 타는 동반자이기도 합니다. 사실, 뇌로 들어오는 모든 데이터를 분류하고, 언어를 통해 이를 개념화하면서 감정의 사례를 정의하는 것이 바로 우리의 생각이지요. 전통적인 관점에서는 생각이 감정을 유발한다고 말할 수 있지만, 실제로는 양방향으로 작용합니다. 때로는 생각이 롤러코스터를 특정 경로로 밀어붙이기도 하고, 생각으로 인해 감정이 발생하기도 합니다. 반대로 감정이 롤러코스터에 동력을 공급하여 우리의 생각을 주도하고, 우리가 느끼는 감정에 따라 생각을 변화시키기도 하지요. 생각과 감정은 모두 정보 처리 과정의 산물입니다. 롤러코스터를 따라 함께 움직이면서 때로는 한 쪽이 다른 쪽을 더 강하게 끌어당기고 함께 세상을 이해하도록 도와줍니다.

우리가 느끼는 감정과 그와 관련된 감정은 정보 처리 과정에서 중요한 생물학적 역할을 합니다. 이는 생각에 영향을 미칩니다. 어떻게 이런 일이 일어날 수 있을까요? 우리의 뇌와 신체 기능은 우리가 느끼는 감정과 서로 얽혀 있습니다. 불안감을 느껴본 사람이라면 예민해지거나 제대로 생각할 수 없는 등 감정이 사고에 부정적인 영향을 미치는 상황을 겪어봤을 겁니다. 연구에 따르면 불안감을 느낄 때 판단하기 어려운 정보에 대해 부정적인 결과를 예측할 가능성이 더 높다고 합니다. 일리가 있는 결과입니다. 위협적인 환경에 살면 뇌는 위협에 빠르게 적응합니다. 기분이 좋을 때는 시야를 넓혀 사회적 관계를 형성하며 기회를 잡겠다고 결정할 가능성이 더 높고 우리의 생각도 이에 맞춰 조정됩니다. 슬픔을 느끼면 실행 기능(계획, 문제 해결 등을 담당하는 뇌의 관리자)이 영향을 받습니다. 주의력도 영향을 받아서 기억력에도 영향을 미치게 되지요. 우리의 사고도 기분에 따라 일관성을 잃게 되어 부정적인 면을 더 잘 알아차리고 결정을 내리거나 해결책을 찾는 데 어려움을 겪게 됩니다. 본인이나 지인이 우울했던 경험을 떠올려보세요. 자기비판이 증가하고, 종종 한 가지 주제에 갇혀 있고, 해결책이나 아이디어가 잘 안 떠오르지 않았나요? 감정이 가라앉으면 생각도 함께 가라앉습니다.

물론 생각은 우리의 신체와 느낌에 영향을 미치고, 감정을 만듭니다. "나는 그 모임에 안 갈 거야, 아무도 나에게 말을 걸고 싶어 하지 않을 텐데, 생각만 해도 끔찍해"와 같은 예측은 생각에 영향을 주고, 뻣뻣함과 긴장 같은 우리 몸이 반응하는 방식에도 영향을 미칩니다. 우리 뇌는 데이터가 외부에서 온 것인지 내부에서 온 것인지 잘 구분하지 못하기 때문에 생각이 몸이 반응하는 방식과 기분에 영향을 미칩니다. 그래서 자신을 자주 비판하는 것은 괴롭힘을 당하는 사람이 옆에 있는 것과 비슷합니다. 일어나는 모든 나쁜 일에 대해 자신을 비난하거나 자신이 실패할 운명이라고 생각한다면, 파멸에 이른 것처럼 느껴질 수 있어요. 하지만 요가를 할 때처럼 여러분의 생각을 행복한 장소로 옮겨 놓으면 신체는 생각 속의 환영을 보고 그에 따라 반응합니다. 그래서 몸이 차분해지고 침착해지지요.

감정과 생각이 만들어질 때 시소 사이클이 만들어집니다. 생리적 기능physiology이 생각에 영향을 미치고, 생각이 생리적 기능에 영향을 미치는 이 반복되는 시소 사이클은 우리의 감정 레시피에 영향을 주는 감각과 데이터를 만들어냅니다.

우리가 어떤 상황에서 뇌가 반응하는지는 어떻게 학습하느냐에 따라 달라집니다. 특정 상황에서 특정 방식으로 사고하는 경향에 따라 기울어지기도 하지요. 때로 기억이 불현듯 떠오르기도 하고, 그와 관련된 감정이 떠오르기도 합니다. 꿈에 그리던 휴가라면 좋은 감정을, 트라우마나 슬픔에 대한 기억이라면 부정적인 감정을 떠올리지요. 때로는 이를 알아차리기도 전에 위협을 예측하기 시작합니다. "이번 시험을 망칠 거야"라는 식으로요. 감정의 롤러코스터에서 어떤 생각이 떠오를지 항상 예측하거나 결정할 수는 없지만, 대응하는 방식에는 더 많은 자율성이 있습니다. 생각의 방향을 바꿀 수 있는 방법을 찾을 수도 있고, 롤러코스터를 약간 다른 경로로 이동시켜 다른 반응을 만들어낼 수도 있습니다.

생각 벌레는 지금 나에게 무엇을 말하고 있나요?

저는 생각 벌레가 우리 뇌를 돌아다닌다는 발상이 마음에 들어요. 어떤 생각 벌레는 의식에 갑자기 떠오르고, 어떤 생각 벌레는 사라지지요. 여러분의 관심을 사로잡는 생각 벌레는 계속해서 변화할 거예요. 한 번에 많은 생각이 떠오르기도 하고, 어떤 생각은 아무리 없애고 싶어도 사라지지 않고 계속 나타날 수도 있지요. 때로는 생각하면 너무 불쾌해서 생각을 밀어내려 하는데, 물속에 넣으려 하면 계속 떠오르는 비치볼처럼 반대로 생각이 더 많이 떠오르게 되는 효과도 있지요. 가끔 가만히 생각을 바라보는 것은 우리의 생각을 듣고 이해하는 데 도움이 됩니다. 생각이 우리에게 무언가를 지시하도록 내버려 두는 것이 아니라, 우리가 자유롭게 선택하도록 이야기를 인식하게 만들 수 있습니다. 생각을 인정함으로써 그 생각과 상호작용하는 방식, 그 생각에 대해 느끼는 감정, 그 생각이 우리를 어떻게 만드는지에 영향을 미칠 수 있습니다.

새로운 생각 프레임을 구성하는 방법

여러분은 여러분의 생각이 아니며, 여러분의 생각은 사실이 아닙니다. 어떤 생각이 당신을 괴롭힌다면 그 생각에 프레임을 짜 볼 것을 권합니다. 생각의 프레임은 여러분이 현재 세상을 바라보는 프레임이지만, 관점을 바꾸면 더 도움이 될 다른 프레임도 많이 있습니다. 관점을 바꾸면 행복해집니다. 89페이지의 일러스트를 활용하여 문제가 되는 생각의 프레임을 짜고, 다른 틀 중 하나로 관점을 조정해보세요. 그리고 상황이 어떻게 달라지는지 지켜보세요. 그리고 이러한 변화가 여러분의 기분을 어떻게 변화시키는지 살펴보세요.

생각에서 벗어나기

어떤 생각은 떨쳐버리기 어렵습니다. 그 생각에 얽매이는 순간, 생각은 우리의 롤러코스터에 필수적인 부분이 되어 버립니다. 때로 우리는 생각에 의문을 제기하거나 그럴 에너지가 없는 경우도 있습니다. 이미 다른 방법을 사용했거나, 울적한 마음으로 도움이 안되는 생각일 뿐이라는 걸 인정하기도 하지요. 때로는 그런 생각으로부터 휴식이 필요할 때도 있습니다. 생각으로 인해 기분이 나빠진다면 뇌가 다른 일에 집중할 수 있도록 유도해야 합니다. 이것은 회피가 아니라 집중의 방향을 전환하는 것입니다. 흥미를 유발하고 즐거움을 주는 활동을 통해 이를 실천할 수 있습니다. 다음의 일러스트를 사용해 여러분도 생각에서 벗어나 뇌에 휴식을 주고 인지 자원을 더 유용한 곳으로 전환하는 방법을 알아보세요.

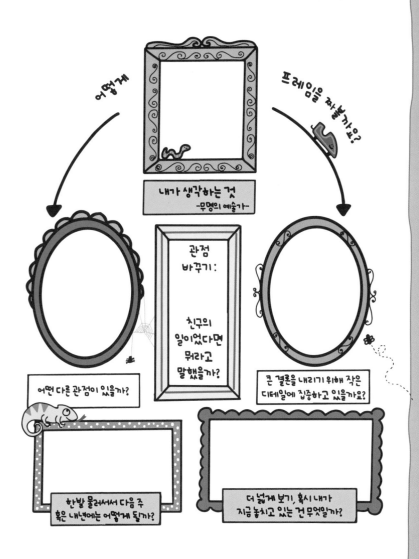

생각의 갤러리

어떻게

프레임을 짜볼까요?

내가 생각하는 것
-무명의 예술가-

관점
바꾸기:

친구의
일이었다면
뭐라고
말했을까?

어떤 다른 관점이 있을까?

큰 결론을 내리기 위해 작은
디테일에 집중하고 있을까요?

한발 물러서서 다음 주
혹은 내년에는 어떻게 될까?

더 넓게 보기, 혹시 내가
지금 놓치고 있는 건 무엇일까?

3장
감정에 반응하는 법

꼭 잡으세요! 여러분의 감정 롤러코스터가 가파른 내리막길을 향해 내달리고 있습니다. 이럴 때 여러분은 어떻게 하나요? 내 감정이 어디로 향하는지 항상 내가 결정권을 갖는 건 아닙니다. 지난 장에서도 보았듯이 내가 통제할 수 없는 많은 요소들이 내 기분이나 감정을 결정하기도 합니다. 감정은 롤러코스터가 불쾌한 내리막코스나 360도 회전을 할 때 어떻게 반응해야 하는지 많은 데이터를 바탕으로 알려줍니다. 감정에 따라 우리의 반응은 길을 찾기도, 반대편 끝으로 빠져나가기도, 앞으로 나아갈 수 없는 원형 트랙에 갇히기도 합니다. 그러니 먼저 내 감정을 제대로 알아차릴 필요가 있습니다. 물론 쉽지 않은 일이죠. 우리는 너무 자주 감정 롤러코스터가 순조롭게 달리고 있는 것처럼 행동하고, 그 과정에서 발생하는 일탈을 억누르고, 부정하고 무시하려 하는 등 우리가 느끼는 감정의 이유를 제대로 알지 못하고 있으니까요. 이런 대응 방식은 감정 롤러코스터를 순조롭게 달리는 데 도움이 될 수는 있지만, 예상치 못한 충돌이나 급정거, 또는 폭발로 감정에 반격당할 때도 있습니다. 이번 장에서는 감정을 제대로 알아차리는 법과 감정에 대한 적절한 대응으로 롤러코스터를 더욱 원활하게 운행하는 방법을 살펴보겠습니다.

감정을 지배하는 신념들

우리를 어떻게
생각할까?

아무도 이렇게
느끼지 못할 거야.

재는 감정을
갖고 있어!

내가 할 수 있는 건
아무것도 없어.

감정을 드러내면
사람들이 싫어하겠지.

이 기분을 느끼는 건
나약해서야.

불편한 감정은
나쁜 거야.

감정은
비합리적이야.

지금쯤이면 감정을
잘 조절해야 하는데.

감정적인 사람이
되어선 안 돼!

특정 감정을
느껴서는 안 돼.

이 느낌
영원했으면 좋겠어!

조금은 감정적이어도
되지 않을까?

감정은 나를
정의해.

나는 앞에서 말한
그 감정이야.

난 좋은 감정만
느껴야 해.

나는 감정들이
느껴져!

아까보다
슬퍼지는 걸.

재, 원래부터
싫었어!

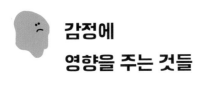

감정에 영향을 주는 것들

지금까지 우리는 생각이 감정 롤러코스터에 어떤 영향을 미치는지 알아보았습니다. 그런데 감정 롤러코스터가 움직이는 중심에는 아주 중요한 유형의 생각이 하나 있습니다. 바로 감정에 대한 신념입니다. 신념은 감정을 어떻게 경험하고, 어떻게 대처하는지에 실제로 영향을 미칩니다. 혹시 스스로 "정신 차려야 돼"라던가, "이런 감정을 느낄 자격이 없어"라고 생각해 본 적이 있나요? 아니면 여러분 인생의 좋은 일들만 생각하면서 "난 지금 행복해야 해"라고 말해본 경험도 있지 않나요? 기분이 가라앉으면 "왜 나는 이렇게 내 감정에 적절히 대처하지 못할까?"하고 자책한 적 있나요? 화가 치밀어 오를 때면, 분노는 도움이 되지 않으니 그냥 진정하라고 자신에게 말한 적은요? 여러분의 생각 속을 스치고 지나가는 이런 생각들이 감정에 관한 여러분의 신념입니다. 이는 감정 롤러코스터의 오르락내리락에 대처하는 상호작용이자 감정에 반응하는 법, 그리고 (곧 닥칠) 직선 구간을 벗어날 때 우리의 행동에 영향을 주는 요인이지요. 신념은 사실 꽤 강력하게 작용합니다. 우리가 감정 롤러코스터를 조종하고, 새로운 감정을 만들어낼 수 있을 정도로요. 신념은 심지어 우리를 360도 회전 구간에 갇히게 만들기도 하고, 내리막길(혹은 오르막길)을 연장하거나 우리가 경험하는 초기 감정에 반응하여 이차적인 감정을 만들어내기도 합니다.

각자의 신념은 주변의 가족, 친구, 동료 그리고 나아가 잡지, 텔레비전, 문화 등으로부터 받는 메시지를 통해 발전합니다. 내가 듣고, 보고, 경험하는 이야기는 나의 이야기가 되고, 이것은 내가 생각하고 행동하는 것에 영향을 미친다. 여러분이 감정 롤러코스터가 나를 어디로 데려가는지 그 목적지를 바꾸고 싶다면, 감정에 대한 신념을 이해해야 합니다.

앞서 다룬 우리가 들어본 이야기, 감정과 관련된 사회적 통념을 살펴보았던 것처럼 이러한 통념이 여러분의 신념에 영향을 미쳤을 가능성이 큽니다. 자, 조금 더 자세히 생각해 볼게요(98쪽의 감정 연습1을 참고하세요). 앞서 느낀 감정을 통해 여러분이 어떤 메시지를 받았고, 그 메시지가 지금 여러분의 신념에 어떤 영향을 주고 있나요? 흔히 말하는 긍정적인 감정만 나에게 허락되었다고 믿고 있나요? 다른 감정은 무시하는 사람이 되었나요? 아니면 '난 분노는 용납할 수 없어', '자존심이나 질투는 날 나쁜 사람으로 만들어' 같은 생각처럼 특정 감정에 관해 어떤 생각이 든 적이 있나요? 아니면 '여자는 지나치게 감정적이지', '화는 남자만 낼 수 있어' 같은 생각처럼 어떤 감정은 특정 사람에게만 허락된 것이라 생각한 적 있나요? '우는 건 부끄러워', '불안하거나 화를 내는 사람은 성격이 나빠서 그래'라고 생각한 경험이 있나요? '어려운 감정은 회피하고 고쳐야 해'라고 생각했던 적은요? 우리 모두는 감정에 관한 메시지를 직접적으로 (벌을 주어 고쳐야 하거나 그런 감정을 느껴도 괜찮다는 식) 또는 간접적으로 (무시하거나 주의를 돌리거나, 가능한 빨리 고쳐야 한다는 식) 받아본 적이 있습니다.

이러한 메시지가 우리의 신념을 형성하지요. 어릴 때 내가 감정에 어떻게 반응했는지는 현재 감정에 반응하는 방식에 영향을 미칩니다. 그래서 아이들이 자신의 감정을 이해하도록 돕는 것이 중요한 이유예요. 감정이 무엇이고, 감정에 어떻게 반응해야 하는지에 대한 이야기는 여러분이 살아온 시간, 장소, 문화에 영향을 받습니다.

물론 이러한 신념은 우리가 감정을 경험하고, 이해하고, 반응하는 방식과 감정을 표현하는 방식, 즉 (정서) 표출 규칙display rules을 만듭니다. 이는 감정을 표현하는 암묵적 또는 명시적 규칙으로, 감정에 반응하는 우리의 일반적인 패턴을 만들지요. 슬픈 영화를 보면서 흐르는 눈물을 숨기는 것처럼 감정을 억누른다거나 긍정적인 감정만 이야기해야 한다는 식으로요. 다음 주제에서 더 자세히 살펴보겠지만 여러분이 익혀온 이러한 감정 표출 규칙 중 일부는 우리에게 하등 도움이 되지 않으며 아이러니하게도 더 어려운 감정을 유발하는 것들도 있습니다.

이러한 뿌리 깊은 신념과 규칙은 감정을 경험할 때 우리의 사고에서 드러납니다. 자신의 감정에 대해 생각하고 믿는 것은 이다음 느끼는 감정에 영향을 미칠 수 있습니다. 이러한 감정을 이차적 감정secondary emotions라고 부르기도 하는데, 이는 첫 번째 감정에 반응하는 방식 때문에 발생합니다. 이차적 감정은 때때로 매우 도움이 되지 않을 수 있으며, 롤러코스터에 소용돌이를 일으켜 블랙홀로 빠져들게 합니다. 감정을 느낀다고 스스로를 꾸짖거나 비판하면 기분이 좋아지지 않습니다. 뇌는 위협을 느끼거나 낙담할 가능성이 높으며, 이는 감정에 영향을 미쳐 이미 가지고 있던 어려운 감정을 증폭시킵니다.

마찬가지로, 지나가는 비판에 대해 너무 화를 냈다고 스스로를 비난하는 것과 같이 감정을 느끼는 것에 스스로를 비난하면 좋은 기분을 만들 수 없습니다. 더 나쁜 감정으로 이어지기도 합니다.

감정이 일어났을 때 대처할 수 있다, 없다 가늠하는 믿음도 감정에 대응하는 방식에 중요한 영향을 줍니다. 가령 내가 감정을 통제할 수 없다고 믿으면 불안감을 느낄 가능성이 높고, 감정에 도움이 되는 반응을 보이거나 상황을 개선할 수 있는 대처 전략을 사용할 가능성이 낮아집니다. 하지만 감정에 대처하는 데 도움이 되는 몇 가지 전략이 있고 감정이 일어났을 때 어떻게 해야 하는지 알고 있다고 느끼면 감정이 덜 무섭게 느껴집니다. 감정을 다룰 수 있다고 믿는 사람은 자신에게 통제할 힘이 있다고 여기고, 이는 감정에도 긍정적인 영향을 미쳐 실제 그 감정이 찾아왔을 때 부침이 적습니다.

우리가 느끼는 감정에 관해 스스로 이야기하면 감정에 대응하는 통제력을 얻을 수 있으며 유용하게 헤쳐나가거나 반대로 부정적인 방향으로 몰아갑니다. 우리는 감정에 관한 이야기를 새롭게 발전시키면서 우리의 믿음이 우리에게 도움이 되는 방법을 배울 수 있습니다. 다음 연습은 감정에 관한 우리의 믿음을 파악하고 이에 도전하여, 감정 롤러코스터를 보다 도움이 되는 방향으로 이끄는 데 도움이 될 것입니다.

나는 감정을 믿어

감정에 대해 가지고 있는 많은 신념은 개인이 자라 온 환경과 개인이 속한 더 넓은 사회와 문화에서 비롯됩니다. 92쪽의 일러스트를 사용하여 지금까지 감정에 대해 어떤 메시지를 받았는지 생각해 보세요. 이러한 메시지는 사람들이 여러분에게 한 직접적인 말일 수도 있고, 주변 사람들이 감정에 반응하는 방식에서 간접적으로 받은 것일 수도 있습니다. 이제 이러한 메시지들이 여러분의 신념을 어떻게 형성했는지 생각해 보고, 감정에 대해 생각할 때 떠오르는 몇 가지 생각과 판단을 적어보세요. 여러 가지 감정을 경험할 때 나 자신(혹은 다른 사람들)에게 어떤 말을 하고, 그에 대해 어떤 행동을 하고 있나요? 이러한 질문은 감정 자체에 대한 믿음을 파악할 수 있는 좋은 단서입니다. 어려움을 겪고 있다면(참고로 믿음은 알아차리기 어렵기로 악명이 높아요), 92쪽의 일러스트에는 제가 심리학자로 일하며 자주 들었던 몇 가지 메시지도 포함시켰으니 함께 확인해 보세요. 여러분에게도 이런 신념이 있는지도 살펴보시고요.

감정 표출 규칙

다음 문답을 사용해 이러한 메시지와 감정에 대한 자신의 신념이 감정 표출 규칙에 어떤 영향을 미쳤는지 생각해 보세요.

- 일반적인 감정 목록을 작성하고 나의 표출이 어떤 모습으로 발산되는지 설명해보세요. 일반적인 나만의 표출 규칙이 있는지, 아니면 다른 감정에 특정한 규칙이 있는지 생각해보세요. (예를 들어, 행복은 지나치게 표출하지 말자, 라던가 자존심은 드러내서는 안 된다)

- 어렸을 때(또는 현재) 감정을 어떻게 표현해야 하는지 또는 표현하지 말아야 하는지에 대한 이야기를 들은 적이 있나요? (예를 들어, 화를 내선 안 된다)

- 감정에 어떻게 반응하거나 표현해야 한다고 결정하는 기준은 무엇인가요? 그 결과는 효과적이었나요? 억누르는 데 노력이 필요한 감정이 있나요? 그렇다면 어떻게 하면 합리적으로 감정을 표출할 수 있을까요?

감정적 신화에 대한 반박

잘못된 과학을 반박해야 하는 것처럼, 도움이 되지 않는 믿음이나 신념에 기반한 우리의 감정적 믿음도 반박할 필요가 있습니다. 다음 일러스트와 함께 설명하는 과학적 실험을 반대로 활용해 감정에 대한 새로운 신념을 생각해 보세요. 과연 내가 버려야 할 낡고 도움이 안되는 신념에는 어떤 것들이 있을까요? 반대로 업데이트가 필요한 신념에는 어떤 것들이 있을까요? 또한 과학적 근거가 있거나 자신만의 신념을 가질 수 있는 방법은 무엇일까요? 감정에 대한 신념을 업데이트하는 과정에서 실생활에 적용할 수 있는 방법을 찾아보세요.

감정에 대한 신념을 업데이트하기

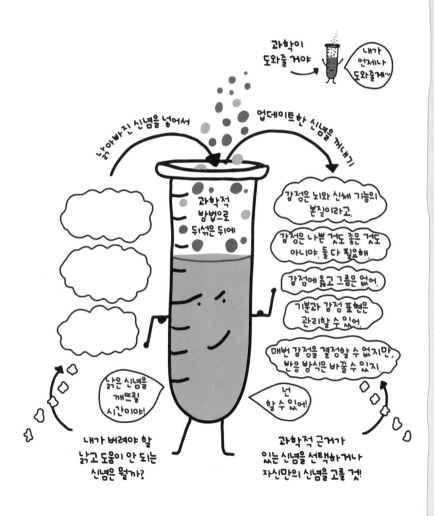

과학이 도와줄 거야

내가 언제나 도와줄게~

낡아빠진 신념을 넣어서

업데이트한 신념을 꺼내기

과학적 방법으로 뒤섞은 뒤에

감정은 뇌와 신체 기능의 본질이라고.

감정은 나쁜 것도 좋은 것도 아니야. 둘 다 필요해.

감정에 옳고 그름은 없어.

기분과 감정 표현은 관리할 수 있어.

매번 감정을 결정할 수 없지만, 반응 방식은 바꿀 수 있지.

낡은 신념을 깨뜨릴 시간이야!

넌 할 수 있어!

내가 버려야 할 낡고 도움이 안 되는 신념은 뭘까?

과학적 근거가 있는 신념을 선택하거나 자신만의 신념을 고를 것!

뭐하는 거야?
우릴 막을 순 없어!
감정 두더지 잡기
성가신 나쁜 감정은
사라져라!
음식 먹거나 제한하기
운동 기분 드러내지 않기 억압
억지 긍정
다른 사람 비난하기 무시
술, 약물
유머, 풍자 가리기
관계 끊기
미루기 회피
완벽을 위해 항상 바쁘게 움직여야 돼…
슬픔
수치심
화
후회
죄책감
불안
두려움
진짜 두더지
나쁜 감정을
날려버려!
500원

불필요한 감정은
그냥 좀 흘려보내자

인생은 때때로 힘들고, 감정의 롤러코스터를 타다 보면 힘든 시기와 감정의 기복이 심해지는 시기는 피할 수 없습니다. 힘들거나 불쾌한 감정을 느끼지 않고 살아갈 수 있는 사람은 아무도 없지요. 롤러코스터와 달리, 기분이 나빠지는 구간으로 굴러갈 때 손을 들고 환호하는 사람은 아무도 없습니다. 긍정적인 감정보다 부정적인 감정을 표현하는 단어가 훨씬 더 많다는 것은 흥미로운 사실입니다. 이러한 감정은 모두 불쾌한 감정을 묘사하기 때문에 감정 나침반의 왼쪽에 속합니다(110쪽 참조). 하지만 부정적인 감정에 대한 단어가 훨씬 더 많음에도 불구하고 우리는 그런 부정적인 묘사는 회피하려는 경향을 보이죠. 종종 이러한 감정에 전혀 집중하고 싶지 않아서 감정을 밀어내거나 피할 방법을 찾기도 합니다. 불쾌한 일에서 벗어나려고 노력하는 것은 세상에서 가장 자연스러운 일이지만 안타깝게도 뇌와 신체에 존재하는 감정을 차단하는 것은 그리 쉬운 일이 아닙니다. 오히려 감정이 더 강해지거나 예상치 못한 방식으로 튀어나오게 되니까요.

우리가 형편없는 감정에서 벗어나고 싶은 주된 이유는 아무도 쓰레기 같은 기분을 느끼고 싶어 하지 않기 때문이죠. "불안했을 때 정말 좋았다"거나 "우울했을 때 즐거운 시간을 보냈다"라고 말할 사람은 없습니다. 이러한 감정을 다룰 능력이 부족하다고 느끼거나, 통제할 수 없다고 느끼거나, 감정을 드러내면 더 악화될까 봐 두렵기도 합니다. 또 바쁜 일상을 방해하는 성가시고 어려운 감정을 다룰 시간이 없다고 생각해 이런 감정을 느껴서는 안 된다고 이를 제쳐두거나, 기분 좋은 감정만 표현할 수 있다고 믿으며 감추기도 합니다. 솔직히 말해 이렇게 다루기 어려운 감정을 두 팔 벌려 환영할 사람은 없지만, 그렇다고 해서 그 감정을 밀어낼 필요도 없습니다. 감정에 맞서 싸우는 대신 피할 수 없는 삶의 일부라고 받아들이고, 감정과 함께하는 법을 배우면 됩니다. 연구에 따르면 이는 우울한 감정을 막는 데에도 도움이 된다고 합니다.

이상한 사실이 하나 있습니다. 바로 감정을 억누르는 게 우리가 원하는 것과는 정반대의 효과가 있다는 점이지요. 연구에 따르면 감정을 억누를수록 실제로 기분이 나아지는 것이 아니라 오히려 힘든 감정을 증폭시킨다고 합니다. 찬장에 있는 초콜릿 바(저 같은 경우에는 과자)에 대해 생각하지 말라는 말을 들으면, 생각하지 않으려고 노력할수록 문득문득 그 초콜릿 바가 계속 생각나지 않나요(그리고 전 지금 과자 생각을 떨칠 수가 없어요)? 심리학 실험에 따르면 무언가에 집중하지 않으려고 노력하면 훨씬 더 많이 집중하게 된다고 합니다(아직도 저는 과자가 생각나요). 또한 많은 인지 자원과 에너지를 사용하므로 뇌에 많은 부담이 됩니다. 감정이나 생각을 억누르면 생리적 스트레스 반응이 증가하고, 반대로 표현하면 스트레스가 줄어듭니다. 그렇다고 감정을 피할 필요가 전혀 없다는 것은 아닙니다. 때로는 산만함이 필요할 때도 있지만, 이것이 일상적인 반응이 되면 도움이 되지 않을 수 있으며 삶의 질도 수직 하락합니다.

감정을 회피하는 것은 다양한 형태로 나타날 수 있습니다. 감정의 존재를 부정하고 자신의 감정을 알아차리지 않거나, 다른 일을 하느라 바빠서 감정을 느끼지 못할 수도 있습니다. 감정이 있다는 것을 알지만 어떤 대가를 치르더라도 감정이 밖으로 새어 나오지 않게 하려고 감정에 대해 말하거나 보여주지 않고 억누를 수도 있습니다. 또는 이런 감정을 느끼지 말아야 한다며 스스로를 다독이는 등 감정과 싸움을 벌일 수도 있지요. 하버드 대학교의 심리학자 수전 데이비드Susan David 박사는 이러한 감정 회피 또는 억누름을 일컬어 감정을 병에 담는 일이라 묘사합니다. 감정을 억누르면 육체적으로 지쳐서 감정이 무겁게 느껴지고 예기치 않은 순간 무너져버린다는 것이지요. 안타깝게도 이런 감정은 막으려 할수록 터져 나옵니다. 실제로는 다른 곳에 불만이 있는데 자녀에게 소리를 지르거나, 방금 참석한 회의에서 다른 사람이 문제를 일으켰을 때 동료에게 화를 낼 수도 있지요.

또는 그 반대의 경우, 감정에 사로잡혀 감정에 압도당할 수도 있습니다. 수전 데이비드 박사는 이를 알을 품는 것이라고 묘사하는데, 우리가 감정에 반응하는 또 다른 도움이 되지 않는 방식으로, 감정을 가슴팍에 껴안은 책처럼 꼭 안고 그 감정에 사로잡혀 벗어날 수 없는 상태라고 보면 됩니다. 다시 한번 말하지만, 이런 식의 억누름은 삶의 질을 떨어뜨리고 인생의 감정 롤러코스터를 타면서 겪는 어려운 일들을 대처하기 어렵게 만드는 요인입니다. 심리학 분야마다 감정에 갇히는 것을 다른 용어로 묘사하지만, 감정에 매몰되거나 갇혀서 그 감정을 헤쳐나가거나 그로부터 배움을 얻는 것 자체에 어려움을 겪는 건 마찬가지이지요. (생각이 감정을 만든다, 80쪽 참조) 이는 롤러코스터가 트랙의 파편으로 중간에

멈춰 서는 것과 같은 이치입니다.

이 파편은 여러 가지 형태로 나타날 수 있습니다. 감정과 함께 떠오르는 생각에 갇혀 불확실한 미래를 끊임없이 되새기거나, 스트레스가 너무 많아서 앞으로 나아갈 수 없을 정도로 압도적인 상황에 갇혀 있을 수도 있지요. 의사 결정에 어려움을 겪으면 해결책이 보이지 않을 수 있고, 유연한 사고에 어려움을 겪으면 다른 관점으로 전환하는 데 어려움을 겪을 수 있으며, 주의 집중에 어려움을 겪으면 기분이 좋아질 수 있는 것들을 알아차리지 못할 수 있습니다. 또는 우리가 경험하고 있는 감정을 인식하지 못해 한발 물러서서 그 감정이 우리에게 어떤 영향을 미치는지 관찰하는 데 어려움을 겪을 수도 있습니다. 이렇게 감정이 막히면 그 감정에 갇혀서 다른 길로 나가거나 그 감정을 헤쳐나갈 수 없게 됩니다.

이 두 가지 극단적인 반응 사이에는 한발 물러서서 감정을 인식하고 감정에 휩쓸리지 않고 가볍게 받아들이는 데 도움이 되는 중간 지점이 있습니다. 다음 연습문제에서 몇 가지를 살펴보세요. 하지만 이러한 목표를 달성하기 위해서는 현재 부정적인 감정을 느끼게 하는 감정에 어떻게 반응하고 있는지 평가하고 이해해야 합니다. 감정에 대한 여러분의 반응은 어떠한가요.

당신은 감정을 억누르는 편, 혹은 꽁꽁 마음에 품는 편?

우리 모두는 각기 다른 시기에 다른 감정 반응을 보이지만, 그 반응을 특징짓는 패턴을 발견할 수 있습니다. 특정 상황이나 특정 사람과의 관계에서 발생하는 감정에는 쉽게 빠져들지만, 그 외의 상황에서는 철저하게 회피하는 경향이 있을 수도 있지요. 다음 쪽 일러스트를 보며 자신의 반응 패턴에 대해 생각해보세요. 감정에 갇혀 사는 사람이라면 그 원인이 되는 요인을 인식하는 것만으로도 그 궤도의 파편에서 벗어나는 첫 번째 단계를 배울 수 있습니다.

다양한 형태의 회피

회피는 주의를 분산시켜 감정을 경험하지 않으려는 마음을 의미합니다. 감정을 회피할 때의 본인을 떠올려보세요. 약간의 주의력 분산은 도움이 되기도 하지만 모든 대처 전략과 마찬가지고 그 기능에 따라 결과는 달라집니다. 이러한 주의 분산이 어려운 감정을 대처하는 데 도움이 되었나요? 아니면 단순히 감정을 차단하는 데 쓰였나요? 운동은 우울증을 개선하고 불안을 줄이는 데 도움이 된다는 많은 연구 결과가 있습니다. 많은 사람이 운동이 정신을 맑게 하는 데 도움이 된다고 느끼기도 하지요. 그러나 이따금 나쁜 감정을 차단하기 위해 과도하게 운동에 집착하는 사람들을 만나보곤 하는데요. 이런 사람들에게 과도한 운동은 전혀 도움이 되지 않습니다.

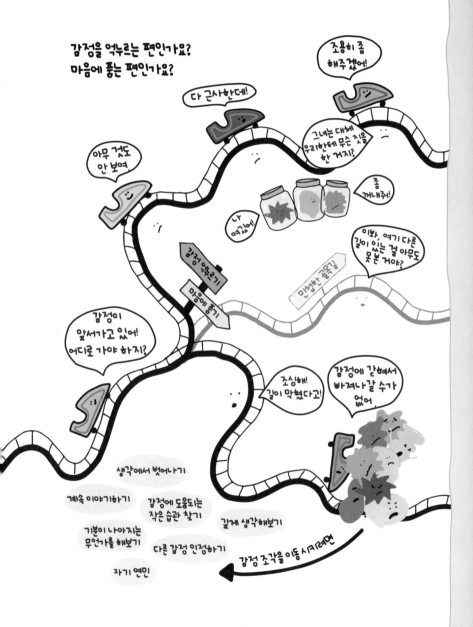

감정 나침반

여러분의 감정은 어느 방향으로 흐르고 있나요?

여러분의 감정은 나침반의 어디에 위치해 있나요?

동서남북 여러 위치에 다른 감정도 존재합니다. 그 중 몇 가지를 떠올려 보고 어떻게 연관되어 있는지 생각해보세요.

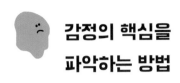

감정의 핵심을
파악하는 방법

어렸을 때 보았던 토요일 신문에 스팟 더 볼Spot the Ball이란 코너
가 있었습니다. 공을 지운 축구 경기 사진을 보고 공이 어디 있는
지 정확히 맞히면 상금을 받는 코너였어요. 쉬워 보이지만 덫이
많아서 선수들이 엉뚱한 방향을 바라볼 때도 있었고, 내가 생각한
위치에 공이 있는 경우는 거의 없었습니다. 나는 매주 이 코너를
열심히 풀어보았지만 한 번도 성공한 적은 없었습니다. 감정을 파
악하는 건 이 퀴즈와 비슷합니다. 쉬워 보이지만 종종 믿을 수 없
을 정도로 어렵습니다. 다행히도 몇 년이 지나면서 저는 제 감정
을 조금 더 성공적으로 파악할 수 있었지만요.

앞서 감정 쿠키를 통해 살펴본 바와 같이, 우리 몸이 느끼는 감
정이 감정의 핵심입니다. 신체는 끊임없이 우리에게 데이터를 전

달하고, 우리는 이를 가로채는 과정을 통해 이를 이해합니다. 우리는 배가 아프다거나 머리가 아프다거나 하는 구체적인 피드백을 받기도 하고, 신체 예산의 전반적인 상태를 판단하는 뇌의 작용인 정서를 통해 무슨 일이 일어나고 있는지에 대한 요약을 경험할 수도 있습니다. 우리는 이를 바탕으로 감정적 또는 신체적 욕구 등 무슨 일이 일어나고 있는지 이해하고 이에 대해 무엇을 해야 하는지 파악합니다.

하지만 말처럼 쉬운 일은 아닙니다. 많은 사람들이 몸에 귀를 기울이지 말라는 문화에서 살아왔으니까요. 넘어지면 "어른답게 굴어야지"라거나 "얼른 일어나 무릎의 먼지를 털어"라는 말을 들으며 자랐습니다. 또한 우리는 인지적 세계(생각)와 외부 세계에 집중하느라 몸에서 무슨 일이 일어나고 있는지 알아차리지 못하기도 했지요.

몸의 신호에 귀를 기울이세요

많은 사람이 외적인 신호에 집중하고 느끼느라 신체가 보내는 내부 신호는 무시합니다. 때로는 조금 더 심각하게, 소변이 마려운 충동이나 배고픔을 나타내는 배의 울렁거림조차 무시하지요. 병원에서 일하다 보면 바쁜 일상에 쫓겨 탈수 증상을 무시하고 갈증조

차 무시해서 기분에 부정적인 영향을 받는 경우가 종종 있습니다. 바쁜 직장인은 중요한 업무를 처리할 때까지만 버티면 된다고 스스로를 세뇌하기도 하지요. 그러나 몸의 요구를 알아차리고 이해하는 건 정말 중요합니다. 이런 것들은 감정의 근원이자, 자신의 기분을 나타내는 필수 정보를 제공할 뿐만 아니라, 가장 기본적인 자기 관리의 시초가 됩니다. 신체가 무언가를 요구하는 것은 매우 합리적인 감정의 근원이 되기 때문이지요. 몸이 시키는 대로 음식을 먹고, 소변을 보고, 필요할 때 쉬고, 몸이 아플 때 몸을 회복시키는 것은 모두 건강한 신체 예산을 유지하여 기분을 좋게 하고 건강을 유지하는 데 핵심적인 역할을 합니다.

잘 사용해야 하는 감정을 가리는 법

우리는 신체 감각을 무시하는 것뿐만 아니라 그것을 가리는 법도 배울 수 있습니다. 가령 나는 커피를 매일 마실 정도로 좋아하지만, 처음엔 어린아이들을 키우며 부족한 수면 때문에 하루를 버티는 데 꼭 필요한 활력소를 얻으려고 마시기 시작했었어요. 몇 년이 지나자 커피는 습관이 되어, 당시 일하던 병원 커피숍을 지날 때마다 그곳에서 이미 내 카페라떼를 준비해 둘 정도였지요. 너무 규칙적으로 마시는 커피에 가려져 몸이 쉬고 싶다는 신호를 보내도 쉬지 않고 계속 일했기 때문에 내가 얼마나 피곤한지 인지조차 하지 못했습니다. 이렇게 커피는 단기적으로는 도움이 되지만 반복적으로 기분을 감추게 되면 신체 예산을 관리하는 방식에 부정적인 영향을 미치기 시작합니다. 커피뿐만 아니라 우리는 약물, 알코올, 진통제, 과도한 운동, 음식 등 다양한 방법으로 자신의 감정을 숨길 수 있습니다. 이중 우리가 가장 흔히 접하는 것은 바로 다름 아닌 음식입니다.

"우리 몸에 귀를 기울여라"라는 말은 평범하지만 정말 중요한 데이터를 얻는 법입니다. 이 데이터는 휴식, 수면, 화장실 가기, 무언가 먹기, 물 더 마시기 등 어떤 식으로든 신체 예산을 관리해야 한다는 것을 드러내는 지표입니다. 하지만 우리의 몸과 마음은 본질적으로 서로 얽혀 있어서 배고픔이나 갈증과 같은 감각을 감정이라고 표현할 수 있는 것과 분리할 수는 없습니다. 이러한 신체 감각에서 비롯된 감정은 슬프거나 좌절하거나 불안한 감정과 같은 것들로 다가오기도 하지요.

감정을 돌보는 일

감정을 돌보는 일은 때때로 형태가 없는 일처럼 느껴질 수 있지만, 몸의 신호를 알아차리고 신체적 필요에 반응하는 것이 큰 부분을 차지합니다. 전통적인 요가 수련은 몸에 주의를 기울여 무슨 일이 일어나고 있는지 알아차리고 이해하는 데 중점을 둡니다.

하지만 현대 사회에서는 바쁜 일상을 처리하기 위해 정신없이 바쁘게 움직이면서 정작 몸에서 보내는 메시지를 무시하는 경향이 있습니다. 최근 많은 서양 치료법에서는 감정의 신체적 측면을 좌시하지 않고, 마음이 나에게 미치는 영향에 더 집중해 치료하는 경우가 많습니다.

신체에 귀를 기울이면 신체 예산을 관리하는 데 도움이 될 뿐만 아니라 자신과 세상을 이해하고 이에 대응하는 방법을 이해하는 데 도움이 되는 다양한 데이터를 얻을 수 있습니다.

스트레스가 과부하 상태일 때나 삶에서 어려운 일이 일어나 스스로를 돌봐야 할 때 이를 파악하는 데 도움을 주고, 의미 있는 일, 몰입할 수 있는 일, 진정할 수 있는 일로 우리를 안내합니다. 이러한 신호를 무시하면 감정에 압도되어 건강이 나빠질 수 있으며, 감정을 억압하거나 부끄러워하면 감정이 증폭될 수 있습니다.

감정에 대해 알아두면 감정을 받아들이고 감정으로부터 배우고 감정에 도움이 되는 방식으로 대응하는 데 도움이 됩니다. 그리고 감정에 휘둘리지 않고 한발 물러서서 감정을 관찰하고 안내할 수 있습니다.

감정에 의미를 부여하세요

우리 몸에서 무슨 일이 일어나고 있는지 알아차리려면 감정을 이해해야 합니다. 설렐 때 느껴지는 뱃속의 나비는 무엇을 의미할까요? 어깨 통증은 무엇을 의미할까요? 오늘 아침에 왜 멍한 기분이 들었을까요? 우리가 감정에 의미를 부여하는 방식이 중요합니다. 연구에 따르면 우리의 해석이 항상 정확한 것은 아닙니다. 우리는 질병으로 인한 속 쓰림을 누군가에게 흥분하거나 끌리는 느낌으로 착각할 수 있습니다. 이러한 감정이 무엇을 의미하는지 추측할 뿐이지만, 정기적으로 알아차리면 감정을 더 잘 이해하는 데 도움이 됩니다.

감정에 도움이 안 되는 인식

주의할 점이 있습니다. 자신의 몸에서 느끼는 감정을 이해하는 것은 감정에 필수적이지만, 내부 감각을 너무 예민하게 인식하면 도움이 되지 않을 때도 있습니다.

예를 들어, 사회적 불안에 시달릴 때는 내면의 감정과 다른 사람들이 내 감정을 관찰하는지 여부에 매우 집중하게 되고, 건강 불안에 시달릴 때는 건강이 좋지 않거나 공황 발작의 징후를 예민하게 인식하게 되며, 신체에 대한 관찰이 공포감으로 이어질 수 있습니다. 이렇게 내면의 초점이 자신에게 도움이 되지 않거나 억압적이라고 느껴진다면, 내 몸을 더 잘 이해하기 위해서 전문가에게 진료받아보는 것을 추천합니다.

감정 나침반

감정 나침반을 사용하여 신체 예산(감정 또는 기분)에 대한 뇌의 요약 정보를 알아보는 것부터 시작해보세요. 이렇게 하면 자신의 기분을 알아차리고 이해하는 데 도움이 됩니다. 모든 감정을 개념화할 수는 없지만 기분에 영향을 미치는 다른 요인을 파악하는 데 도움이 될 수 있습니다. 예를 들어, 지속적으로 피곤함을 느낀다면 건강 검진을 받거나 수면에 집중해야 하지 않을까 하는 식으로요.

신체 데이터에 귀 기울이기

건강 상태 외에도 스트레스의 징후와 같은 보다 구체적인 데이터를 신체로부터 얻을 수 있습니다. 이 데이터에 귀를 기울이면 신체 예산을 관리하고 감정을 이해할 수 있습니다. 다음 일러스트를 사용하여 몸의 어느 부위에서 감각이 느껴지는지 파악해보세요. 하루에 몇 번씩 자신의 기분이 어떤지 스스로에게 물어보고 몸이 말하는 것에 귀를 기울여 보세요. 몸에서 무슨 일이 일어나는지 알아차렸다면, 몸이 나에게 무엇을 하라고 말하는지 생각해 보세요. "간식이 필요해, 화장실이 가고 싶어, 휴식이 필요해, 심호흡이 필요해"라고 말하고 있지 않나요? 이렇게 귀를 기울여 신체 예산의 균형을 유지하는 데 필요한 행동을 취해보세요.

2. 숨을 쉬며 관찰해보세요. 느낌이 변하고 있나요?

1. 당신의 기분은 무엇인가요?

3. 몸은 어떻게 말을 걸고 있나요? 이 느낌에 반응하기 위해 해야 할 행동은 무엇인가요?

넌 감정 쿠키가 아니야?

날 우습게 보지 마! 쿠키도 감정이 있다고!

무거운
각성하는 무미건조한
긴장한 위청거리는
무기력한 통증있는 가득찬
다정한 가벼운
어지러운 작열하는
뜨거운
찌릿한
상냥한 빼근한
가볍게 펄럭이는 차분한
예민한 따뜻한
기분 나쁘게
축축한
얼어붙은
단단히 얽힌 에너지가 넘치는 배고픈 보송보송한 간지러운
으르렁대는 아픈 나약한 무기력한 톡 쏘는
목마른 웅성거리는 지끈거리는

통증으로 아픈 얼얼한 아픈
만족스러운 멍때리는
안절부절 못하는 감각이 없는
더운
안락한
메스꺼운
쿨한
강한 숨막히는
휴식이 부족한 부드러운 공허한
불안 초조한 빽빽한
피곤한
쉽게 발끈하는

119

감정에
이름 붙이기

저는 항상 눈snow이 다양한 언어로 묘사되는 방식에 흥미를 느껴왔고, 제 아이들은 이누이트족에게 눈을 뜻하는 단어가 50개나 된다는 사실을 정말 좋아합니다. 사실이 아닐 수도 있지만 (언어학자 세계에서 이는 논쟁거리라고 하지요) 어쨌거나 눈의 개념을 이해하는 방식은 전 세계적으로 다릅니다. 눈과 마찬가지로 일부 감정 단어는 특정 언어에만 존재합니다. 일반적으로 알려진 것은 "다른 사람이 불행할 때 느끼는 기쁨이나 고소함, 즉 샤덴프로이데schadenfreude"입니다. 대부분은 이 감정이 무엇인지를 알고 있지만, 이 근사한 독일어가 없었다면 우리는 이 감정에 이름을 붙이거나 개념화를 하지 못했을 거예요. 이렇게 문화마다 우리의 감정 세계를 다르게 분류하고 개념화하며, 언어마다 서로 다른 감정을 인식합니다. 감정에 대한 개념은 우리의 의사소통뿐만 아니라 감정 세계를 내부적으로 인식하고 이해하고 반응하는 방식에도 영향을 미치기 때문에 감정에 있어 매우 중요합니다.

감정은 우리가 내면의 감각에 의미를 부여하는 데 사용하는 개념입니다. 우리 언어에 존재하는 단어와 정의는 이 끝없는 데이터 줄기를 범주로 전환하여 우리가 의미를 이해하고 구성할 수 있도록 합니다. 물론 구성은 감정에만 적용되는 것이 아니라 우리의 세계와 존재 전체에 적용됩니다. 우리의 뇌는 항상 단어 형태의 기존 개념을 사용하여 우리에게 들어오는 데이터와 과거의 경험을 일치시키고 상황을 이해합니다. 우리는 이러한 개념으로 세상을 보고 이해하지만 이렇게 확립된 개념은 구조를 제공할 뿐 고정된 것이 아니라 새로운 정보를 이해하는 데 도움이 되도록 끊임없이 언어적 구조를 구축합니다. 예를 들어 2020년 이전에는 사회적 거리두기를 이해하는 사람이 거의 없었지만, 이제 우리는 이 새로운 정보를 다루고 이해하는 새로운 개념을 배웠습니다. 이처럼 새로운 일을 시작하거나 새로운 국가에 갈 때마다 우리는 새로운 정보를 정의하고 이해하기 위해 새로운 개념을 배우고, 이를 기억에 인코딩하여 미래의 데이터를 더욱 정확하게 정의합니다. 감정 컬렉션에도 보았듯, 우리는 감정으로도 이 작업을 수행할 수 있으며,

우리의 뇌와 신체는 이에 감사할 것입니다.

최근 행복 연구소 팟캐스트The Happiness Lab에서 저명한 심리전문가 브레네 브라운Brené Brown이 "내 언어의 한계는 곧 내 세계의 한계"라고 말한 철학자 루트비히 비트겐슈타인Ludwig Wittgenstein의 말을 인용했다는 걸 알았습니다. 어휘의 개념 범위가 넓어지면 우리의 세계가 넓어져 세상을 더 미묘한 방식으로 이해할 수 있습니다. 이는 특히 우리의 감정 세계와 관련이 있는 데도 아직 많은 사람의 감정 어휘는 제한적입니다.

브라운은 7만 명을 대상으로 한 연구 결과를 설명하면서 많은 사람이 자기 경험을 "화가 났다(화)", "슬프다", "기쁘다(행복)" 등 크게 세 가지 단어로만 명명하고 인식한다는 사실을 발견했습니다. 우리 중 많은 사람들이 세부적인 부분까지 들어가기보다는 "화가 났다", "기분이 좋다", "스트레스가 심하다"와 같이 포괄적인 표현으로 감정을 정의하는 경향이 있습니다. 이러한 평범한 용어가 광범위한 감정과 경험을 포괄할 수는 있지만 이런 감정을 체에 걸러 구성 요소로 나누면 여러 가지 경험이 이러한 감정을 정의하는 데 도움이 됩니다. 이는 우리의 경험을 더 자세히 이해하는 데 도움이 될 수 있지요. 예를 들어, 어느 한순간의 분노(가령 불의를 보고 화가는 것)는 다른 시점의 분노(뇌에 과부하가 걸렸을 때 자녀에게 화풀이를 하는 것)와는 다르게 느껴질 것입니다.

감정을 디테일하게 분류하는 것을 감정 세분화emotional granularity
라고 합니다. 어떤 사람들은 다른 사람들보다 더 세밀한 감정 경
험을 구성합니다.

리사 펠드먼 배럿은 정서적 세분성이 높은 사람(많은 정서적 경험
을 설명할 수 있는 사람)부터 정서적 세분성이 낮은 사람(제한된 용어만
설명할 수 있는 사람)에 이르기까지 사람마다 어떻게 다른지 설명합
니다. 감정 세분화는 단순히 어휘력을 쌓는 것뿐만 아니라, 이러한
단어를 자기 경험에 적용하여 감정을 더욱 잘 이해하고 그에 대응
하여 어떤 행동을 취해야 하는지 알아차릴 수 있는 능력을 나타내
는 지표입니다.

경험을 설명할 수 있는 언어나 구조가 없을 때 롤러코스터는 멈
출 수 있습니다. 경험을 소통하고, 개념화하고, 공유할 수 있는 능
력도 그만큼 낮아진다는 뜻이지요. 또한 장기적으로 볼 때, 세분성
이 낮아지면 우울증, 불안 및 기타 정신 건강 문제가 증가하기 때
문에 롤러코스터는 하향하며 소용돌이칩니다. 이는 어려운 삶의
사건이 더 큰 부정적인 영향을 미치고, 감정 조절이 더 어려워지
고 감정에 대응하는 대처 전략이 더 적어진다는 것을 의미합니다.

감정의 세분화는 감정을 이해하는 데 있어 핵심적인 메커니즘

입니다. 세분성이 높아진다는 것은 미래를 더 잘 예측하고, 감정을 알아차리고, 이해하고, 조절할 수 있으며, 롤러코스터를 타는 데 도움이 되는 대응책을 마련할 수 있다는 뜻입니다. 세분성이 높아지면 뇌는 매일 떠오르는 감각을 더 잘 이해할 수 있게 되고, 이에 대한 반응 방식도 더 유연해질 수 있습니다. 이는 감정에 반응하는 방식뿐만 아니라 전반적인 느낌에도 긍정적인 영향을 미치며, 감정에 이름을 붙이면 스트레스가 줄어듭니다. 예측이 정확할수록 필요에 대응하는 데 필요한 인지적 노력이 줄어들기 때문에 신체 예산 관리에도 도움이 됩니다. 그리고 잘 관리되고 균형 잡힌 신체 예산은 기분과 건강에 긍정적인 영향을 미칩니다. 감정 세분화를 잘하는 사람은 감정을 더 잘 조절할 수 있고 유용한 대처 전략을 사용할 가능성이 높을 뿐만 아니라, 신체 예산의 영향으로 건강이 더 좋고 병에 자주 걸리지 않는 것으로 나타났습니다(신체 건강은 본질적으로 우리의 감정과 관련이 있기 때문입니다).

이점은 여기서 멈추지 않습니다. 감정 세분화를 더 잘할수록 사회적 관계도 개선됩니다. 롤러코스터를 타면서 느끼는 감정에는 인간관계가 매우 중요하다는 것을 알 수 있듯이 감정 세분화는 긍정적인 영향을 미칠 수 있습니다.

저의 취미였던 '감정 단어 수집 클럽'에 여러분이 설득당했기를 바랍니다. 어휘력을 늘리는 것은 감정의 세분성을 높이는 좋은 시작이며, 다른 언어에서 감정이 어떻게 분류되는지 이해하는 것은 흥미로울 뿐만 아니라 감정을 더 잘 예측하고 이해하는 데 도움이 되는 더 많은 개념과 범주를 추가할 수 있습니다.

그러나 먼지만 쌓이는 수집은 아무 소용이 없습니다. 우리는 우리의 경험을 이해하기 위해 개념을 사용하여 우리 자신에게 적용해야 합니다. 감정적 단어의 한계는 상상력의 한계라고 주장하고 싶은데, 자신의 감정 세계를 설명하기 위해 자신만의 개념을 만드는 것도 마찬가지로 도움이 되기 때문입니다.

저는 음식을 먹지 않았을 때 느끼는 심술궂음과 불쾌감을 공복증후군NFM, No Food Mood이라고 지어 주변에 널리 알린 전적이 있습니다. 친구들과 가족들은 내게 "너 지금 완전 공복증후군인데"라고 말해주며 배를 채우고 기분이 나아지라고 넌지시 알려줍니다. 나는 또한 좋아하는 드라마의 마지막 에피소드가 끝났을 때 느끼는 공허함과 상실감을 넷플증후군이라고 명명했습니다. 나만의 단어를 만드는 것은 경험을 분류하는 데 도움이 될 수 있습니다. (또 자녀와 함께 재미있는 게임을 하면서 자녀의 발달에 도움이 되는 감정 어휘를 익히는 데 도움이 될 수 있습니다.)

다음 연습문제는 롤러코스터가 여정을 순조롭게 진행하고 트랙

의 돌발 상황에 유용하게 대응할 수 있도록 감정을 세밀하게 표현

하고 감정 어휘를 쌓는 방법에 대해 생각해 보는 데 도움이 되도

록 설계되었습니다.

 감정 연습 1

감정 거르기

    화, 슬픔, 행복이라는 세 가지 감정 중 하나를 사용하거나 '스트레스'라는 포괄적인 용어를 사용하고 싶은 순간, 내가 느끼는 감정을 더욱 정확하게 묘사할 수 있는 단어는 없는지 잘 찾아보세요. 120쪽의 일러스트를 사용하여 실제로 내가 느끼는 감정에 대해 생각해 보고, 이를 구성 요소로 세분화해 보세요. 감정을 묘사할 때 한 단어에 국한될 필요는 없으며, 우리는 종종 여러 가지, 때로는 상충되는 감정을 한꺼번에 느낄 수 있다는 점을 기억하세요. 다양한 감정을 골라 선택하면 감정의 뉘앙스를 포착하는 데 도움이 될 수 있습니다.

감정 어휘 수집가 되기

　저는 순전히 흥미로 감정을 수집하기 시작했는데, 그게 내 감정을 묘사하고 이해하는 데 도움이 될 줄은 몰랐습니다. 감정 어휘를 쌓는 데 도움이 되는 몇 가지 훌륭한 도구가 있는데, 이 책의 참고 문헌에서 감정 아틀라스emotional atlas와 감정 운전대feelings wheel에 대한 추가 설명을 확인해 보세요. 일단 저와 같은 취미를 권장하기 위해 아래의 감정 주기율표에 내가 모은 컬렉션 중 일부를 소개해 두었습니다. 이를 여러분만의 컬렉션을 위한 시작점으로 삼아 이름 없는 감정에 대해 상상력을 발휘해 보세요. 여러분이 무엇을 생각해냈는지 정말 궁금합니다!

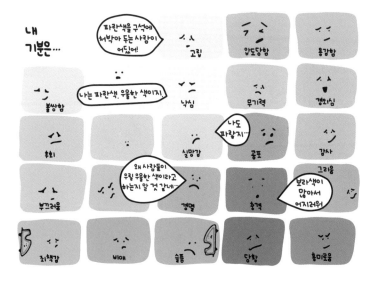

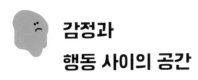 # 감정과
행동 사이의 공간

감정은 인생 전반에 걸친 정보의 원천으로, 지금, 이 순간에 무슨 일이 일어나고 있는지 또는 왜 우리가 지금, 이 순간에 특정한 방식으로 반응하고 있는지를 알려줍니다. 저는 심리학자 수전 데이비드가 감정을 등대에 비유하여 우리가 세상을 어떻게 항해해야 하는지에 대한 데이터를 등대의 불빛으로 받아보고 있다는 표현을 좋아합니다.

감정의 등대

감정의 등대는 우리가 거친 바다를 항해하고 바위에 부딪히지 않도록 도와주는 신호를 제공하는 자연스러운 안내 시스템입니다. 우리의 몸과 뇌가 주변 세계와 상호작용하고 뇌가 어떻게 반응해야 할지 예측하는 과정에서 데이터는 평생 우리에게 다가옵니다. 지금까지 우리는 이러한 데이터와 신호를 발견하고, 이를 더 잘 알아가고, 감정에 대한 우리의 믿음을 바꾸어 감정이 우리 삶에 필수적이고 핵심적인 요소로 인식하는 데 시간을 보냈습니다. 어떤 신호가 방출되는지(발생하는 감정) 항상 통제할 수는 없지만, 어떻게 반응하는지는 더 많이 통제할 수 있다. 신호를 무시하면 감정의 힘을 강화하여 이해하고 생각하기보다는 감정에 휘둘려 바위에 부딪힐 가능성이 높아진다는 것을 알 수 있습니다. 한발 물러서서 감정으로부터 공간을 확보하는 법을 배우는 것은 다음 단계를 고려할 수 있도록 하는 중요한 요소입니다.

하지만 한 걸음 물러서기 전에 우리는 감정과 친구가 되거나 적어도 공감하는 친구가 되어야 하며, 그러기 위해서는 감정을 있는 그대로 받아들여야 합니다. 감정은 우리가 원하든 원하지 않든 우리의 세계에 들어올 것입니다. 어려운 감정은 고집이 센 사소한 것(또는 커다란 것)이기 때문에 보통 당신의 의도와는 반대로 행동합니다. 감정을 없애라고 말하면 감정이 더 강해지고, 무시하면 예기치 않게 다시 튀어나오는 것입니다. 그들을 도울 방법은 단 한 가지, 바로 그들을 받아들이는 것입니다. 감정과 싸우지 않고 받아들이면 감정과 약간의 거리를 두어 감정을 탐색하는 데 도움이 되는 공간이 생깁니다. 그러기 위해서는 신념을 전환(101쪽 참조)하고, 자신의 감정에 적용한 뒤 인정하고 받아들여야 합니다.

감정을 단순히 좋은 것도 나쁜 것도 아닌, 삶의 패턴의 일부분에서 발생하는 데이터로 보는 것이 도움이 될 수 있습니다. 어려운 감정을 남들과 다르거나 비정상적인 것이 아니라 일반적인 인간 경험의 일부로 인식할 수 있습니다. 또한 감정과 관련 생각은 사실이 아니며, 변화하고 다르게 대응할 수 있는 일시적인 부분이라는 점을 인식하는 것도 도움이 됩니다.

감정은 구름, 사람은 하늘

감정에서 자신의 신념을 분리할 수 있습니다. 감정은 내가 아닙니다. 감정은 나의 일부이기는 하지만 나를 정의하지는 않습니다. 나는 감정을 구름으로, 사람을 하늘로 묘사한 맷 헤이그Matt Haig의 표현을 좋아합니다. 감정은 고정된 것이 아니라 왔다가 사라지는 것임을 잘 보여주기 때문입니다. 감정은 구름보다 더 큰 존재이며, 구름은 나를 정의하는 것이 아니라 단지 나의 일부일 뿐입니다. 구름처럼 다양한 모양이 있지만 잘못된 감정은 없으며, 감정은 근본적으로 인간의 일부이며 끊임없이 변화하고 때로는 어려운 세상에서 뇌와 연결된 신체를 가진 존재입니다.

감정을 받아들이는 것은 많은 심리 치료의 핵심적인 부분으로, 감정을 이해하기 시작하고 감정을 자신의 가치에 대한 지표가 아닌 데이터로 인식하기 시작하면 감정을 더 잘 견딜 수 있습니다. 감정을 관찰하고 허용하고, 감정이 지나가리라는 것을 이해하면 (실제로 감정에 관대하면 그럴 가능성이 더 높습니다), 감정이 덜 무섭고, 감정을 밀어낼 가능성이 줄어들며, 감정에 공감하고 호기심을 갖게 될 가능성이 더 커집니다.

자신을 하늘로 생각하면서 생각과 감정으로부터 거리를 두는 것은 감정에서 벗어나는 데 도움이 되는 중요한 기법입니다. (130쪽 참조). 감정을 알아차리고 받아들이면 지나가는 구름처럼 한 발 물러서서 관찰하기 시작할 수 있습니다. 감정과 나 사이에 공간을 확보하면 우리가 어떻게 반응할지 생각할 기회가 생깁니다. 이렇게 하면 감정에 매몰되지 않고 감정을 용인할 수 있으며, 대응을 유도할 수 있습니다. 감정을 알아차리고 이름을 붙이는 것이 감정에서 벗어나는 첫 번째 단계입니다.

생각과 감정의 분리

단순해 보일 수 있지만 언어의 사용은 우리의 생각과 감정을 분리하는 데 강력한 영향을 미칠 수 있습니다. "화가 나"라고 말하는 대신 "지금 화가 나는 기분이야"라던가 "내가 지금 화가 나는 게 느껴져"라고 말할 수도 있습니다. 이런 식으로 표현하면 우리는 즉시 언어를 사용하여 한 걸음 뒤로 물러서 분노를 나의 일부가 아닌 느낌으로 인식합니다. 마찬가지로 "나는 바보야"라고 말하는 것이 "내가 바보라는 생각이 들어"라거나, "이봐, 뇌. 내가 바보라는 옛날이야기를 또 하고 있어"라고 말하거나 단순히 "내 뇌는 스트레스를 받거나 실수했을 때 나타나는 전기적 자극을 느끼고 있어"라고 말하는 것보다 훨씬 강한 영향을 줍니다. 또한 그 감정에 관한 이야기를 만드는 것도 감정에서 벗어나는 데 도움이 됩니다. 감정을 이야기하거나 글로 적는 것 모두 감정 조절에 도움이 되는 것으로 나타났습니다. 다양한 치료법에서 사용되는 공간을 만드는 기법에는 여러 가지가 있습니다(140쪽의 감정 연습 2에서 몇 가지 다양한 아이디어를 살펴보세요).

감정에 호기심을 가져보세요

호기심을 갖고 감정을 이해하려고 노력하는 것은 감정에서 한 발짝 물러나기 위한 핵심 요소입니다. 연구에 따르면 감정에 호기심을 적용하면 감정을 처리하고 대응하는 데 도움이 된다고 합니다. 감정을 발견하고 이름을 붙인 후에는 자신에게 무슨 일이 일어나고 있는지 이해하려고 노력할 수 있습니다. 특정 시점에 어떤 감정 쿠키가 섞이고 있으며, 어떤 유형의 쿠키가 구워지고 있나요? 당신의 두뇌는 무엇을 예측하고 여기에 영향을 미치고 있나요? 내 몸에서는 어떤 일이 일어나고 있나요? 당신의 생각은 당신에게 무엇을 말하고 있나요? 배경 이야기는 무엇인가요? 과거에 이런 특정한 상황에서 이런 특정한 방식으로 반응한 행동이 어떻게 나의 감정 쿠키에 영향을 미쳤나요?

심리학자들은 이러한 방식을 공식화formulation라고 부릅니다. 다양한 유형의 공식이 존재하지만, 모든 공식은 자기 경험을 이해하고 이해하는 데 도움이 되는 구조를 제공합니다.

저의 감정 쿠키 공식은 공식적인 연구 기반 공식은 아니지만, 어느 시점에서 뇌가 무엇을 구성하고 있는지 파악하고 그 이유에 대해 생각하도록 돕기 위해 고안되었습니다. 이 작업을 더 많이 수행할수록 특정 상황에서 반응하는 방식에 패턴이 보이기 시작할 가능성이 높아지며, 이를 통해 다른 예측을 하고 무엇을 해야할지 알 수 있습니다. 그러나 특정 감정을 느끼게 하는 원인에 대한 공식화를 만들 때는, 최선의 추측이나 가설일 뿐이라는 점에 유의하는 것이 중요합니다. 자신의 감정에 대해 더 많이 알수록 이러한 추측을 더 잘 할 수 있지만, 때로는 아무리 노력해도 왜 '기분이 좋지 않은지' 알 수 없는 때도 있습니다. 그러나 그래도 괜찮습니다. 우리가 느끼는 모든 감정을 심문을 하면서 복잡하게 이해할 필요는 없습니다. 때때로 우리는 기분이 좋지 않은 이유에는 여러 가지 이유와 생리적 메커니즘이 있으며, 이러한 과정을 모두 알지 못한다는 사실만 기억하면 됩니다. 이유를 정확히 찾아낼 수 있든 없든, 이러한 감정을 용인하고 받아들이고 인정하며 최선의 대응 방법을 생각하는 것이 도움이 됩니다.

감정을 가볍게 잡기

이제 감정에 대한 공간을 만들었으니 다음은 무엇일까요? 수전 데이비드의 책 비유를 기억하시나요? (106쪽 참조) 때때로 우리는 책을 너무 멀리서 잡으면 무거워지고, 너무 가까이서 잡으면 근육이 아프기 시작합니다. 그 사이의 방법은 가볍게 잡는 것입니다. 그는 이를 감정에 민첩하게 반응할 수 있는 정서적 민첩성이라고 부릅니다. 수용 전념 치료acceptance and commitment therapy, ACT (자신의 모든 생각과 감정을 수용함으로써 행동의 변화를 불러오는 심리치료 방법-옮긴이)에서는 이를 유연성이라고 부르고, 인지 행동 이론에서는 다양한 각도에서 생각을 바라보는 데 중점을 두며, 마음 챙김에서는 한발 물러서서 생각을 관찰하는 데 집중하라고 권장합니다.

치료법마다 용어는 다르지만, 한발 물러서서 감정과 관련 생각에 유연하게 대응하도록 장려하는 공통성이 있습니다. 이를 통해 롤러코스터를 타는 동안 무슨 일이 일어나고 있는지 관찰하고, 고려하고, 최선의 대응 방법을 결정할 수 있습니다. 더 이상 효과가 없는 한 가지 경로에 갇히지 않고 다른 경로로 갈아탈 수 있습니다. 감정이 우리의 진로를 결정하도록 내버려 두지 않고 감정에 따라 굴러가다가 다음에 어디로 굴러갈지 고려할 수 있습니다.

내 감정의 신호는 무엇일까

알아차리기, 이름 짓기, 이해하기, 한발 물러서서 대응을 고려하기 등 민첩성을 높이는 데 도움이 되는 여러 가지 요소에 대해 살펴보았습니다. 민첩성을 기르기 위한 방법은 감정 데이터가 우리의 필요에 대해 무엇을 알려주는지 살펴보는 것입니다. 자신에게 필요한 등대 신호는 무엇이며 이에 가장 잘 대응하는 방법은 무엇일까요? 피곤하거나 스트레스를 받고 있나요? 더 커다란 사회적 관계가 필요하다는 신호인가요? 감정 연습 4에는 등대가 데이터를 보냈을 때 물어볼 수 있는 질문이 포함되어, 등대가 나에게 보내는 신호가 무엇인지 생각할 기회를 제공할 것입니다.

이 책의 나머지 부분에서는 감정에 대한 반응을 유연하고 기능

적이며 목적에 맞게 만들 수 있는 많은 전략을 살펴볼 것입니다.
이러한 전략을 통해 우리는 힘든 시기를 헤쳐나가고 좋은 시기를
향한 아름다운 여정을 인식하고, 알아차리고, 심지어 새로이 만들
수도 있습니다.

감정을 수용하고 연결 짓기

감정을 받아들이는 것은 감정을 밀어내는 것이 아니라 허용하고 받아들이는 것입니다. 감정을 조절하며, 감정을 현명하게 사용하는 데 도움이 된다는 사실을 이해하면서 스스로에게 비판적인 감정을 허락해보세요. 감정에 대한 연민은 감정과 소통하고 앞으로 나아가는 데 도움이 됩니다. 다음은 감정을 받아들이고 감정과 연결되는 데 도움이 되는 몇 가지 아이디어입니다.

1. 감정 알아차리기. 감정을 알아차리고 이름을 붙여보세요. 이 감정이 이 순간 여러분에게 어떻게 나타나고 있나요?

2. 감정 허용하기. 천천히 부드럽게 숨을 쉬고 그 감정이 그냥 있도록 내버려 두세요. 어떤 일이 일어나는지 관찰해보세요.

3. 감정 받아들이기. 감정은 뇌와 신체 기능의 정상적인 부분이며, 감정이 있어도 괜찮다는 것을 스스로 상기하세요. 감정은 삶의 일부로서 생겼다가 사라집니다.

내가 하늘이 되어보자: 감정 공간 만들기

자신의 감정을 받아들이고 연결했다면, 자신이 하늘이고 감정이 구름이라고 상상해 보세요. 구름에 갇히지 않고 관찰자가 되려면 어떤 말을 해야 할까요? 어떻게 공간을 만들어줄 수 있을까요? 130쪽 일러스트 속 햇살에 자신만의 아이디어를 자유롭게 추가해보세요.

 감정 연습 3

감정에 대한 호기심

감정에 대해 호기심을 가지면 감정이 발생하는 이유와 그에 대해 할 수 있는 일을 이해하는 데 도움이 됩니다. 아래 일러스트를 통해 현재 어떤 감정을 경험하고 있는지, 무엇이 감정의 혼합에 기여하는지 살펴보세요. 감정에 휩싸였을 때나 하루 동안 느꼈던 감정을 되돌아볼 때 사용할 수도 있습니다.

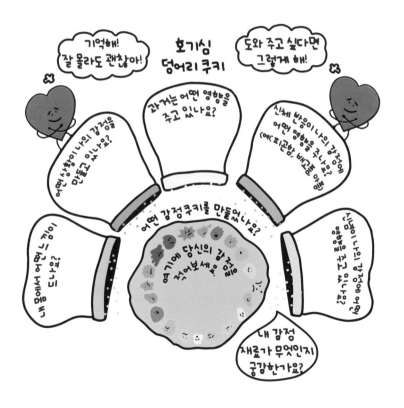

신호로서의 감정

등대의 질문을 통해 자신의 감정 데이터가 자신에게 보내는 신호가 무엇인지, 어떻게 반응하는 것이 가장 좋을지 생각해 보세요. 이 연습은 힘든 감정뿐 아니라 기분 좋은 감정에서도 정보를 얻을 수 있는 연습법입니다. 이를 통해 지금, 이 순간뿐만 아니라 더 일반적으로 우리 삶에서 어떻게 반응할지 생각해 볼 수 있습니다. 예를 들어, 괴로움을 느낀다는 것은 즉각적으로 마음을 달래야 한다는 것을 의미할 수도 있지만, 장기적으로 괴로움의 원인에 대해 무언가를 해야 한다는 것을 의미할 수도 있습니다. 누군가가 경계를 넘어섰을 수도 있고, 앞으로 이에 대해 명확히 해야 할 필요가 있을 수도 있습니다.

다음은 감정이 우리에게 알려주는 몇 가지 신호입니다. 즉 우리 삶에서 무언가가 더 많이 또는 덜 필요하다는 신호이지요. 예를 들어, 고립감은 더 많은 사회적 관계가 필요하다는 것을 의미할 수 있고, 압박감은 직장에서의 요구를 내가 다시 평가해볼 필요가 있다는 것을 의미할 수도 있습니다.

우리가 가치관을 충족하고 있는지 또는 충족하지 못하고 있는지, 그리고 이를 바탕으로 발전해야 합니다. 예를 들어, 기쁨을 느낀다는 것은 우리가 가치 있는 일을 하고 있다는 것을 의미할 수 있고, 상처를 받았다는 것은 누군가가 우리의 가치에 맞지 않는 일을 하고 있다는 것을 의미할 수 있습니다.

무언가 해결해야 할 문제가 있다는 뜻입니다. 스트레스를 받는다는 것은 지원이 필요하거나 해결해야 할 스트레스 요인이 있다는 신호일 수 있습니다.

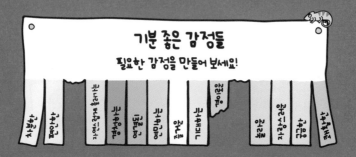

기분 좋은 감정들

필요한 감정을 만들어 보세요!

위안 베이
Yuan Bei
중국어

완전하고
완벽한 성취감

니케도니아
Nikhedonia
영어

성공을 기대할 때의
즐거움 또는 흥분

유네이로프레니아
Euneirophrenia
그리스어

즐거운 꿈에서
깨어났을 때 느끼는
만족

바소렉시아
Basorexia
영어

누군가에게
키스하고 싶은
충동적인 마음

게젤리하이트
Gezelligheid
네덜란드어

친구들에게 둘러싸인
따뜻한 안락함,
누군가에게 안기고
위로 받을 때의 감정

데분디
Desbundee
포르투갈어

즐겁게 지내며
억눌렸던 마음을
해방시키는 기분

휠
Hywl
웨일스어

마치 돛배를 타고
달아가는 듯
활기차고 흥분되는 마음

무디타
Mudita
팔리어와 산스크리트어

다른 사람의 기쁜 소식을
접하고 함께 기쁨을 느끼는
경험

크리살리즘
Chrysolism
영어

천둥 번개가 치는 동안
실내에서 느끼는
평온함과 평안함

4장
기분 좋은 감정들

모든 감정은 삶에 꼭 필요하기에 저는 감정을 부정적인 것과 긍정적인 것으로 나누지 않으려고 노력합니다. 하지만 우리는 기분을 좋게 하는 긍정적인 감정, 즉 감정 나침반의 오른쪽에 있는 감정을 만들 수 있습니다. 다양한 기분 좋은 감정을 경험하는 것은 삶의 질과 건강 개선에 도움이 됩니다. 롤러코스터를 타고 경외감을 불러일으키는 풍경을 지나면서 경쾌한 기분을 느낄 수도, 잔잔한 숲과 바다를 지나 완만한 구불구불한 길을 달리면서 마음의 평화를 얻을 수도 있습니다. 그때 위협을 예측하는 뇌는 롤러코스터를 덜 유쾌한 감정 쪽으로 우리를 끌어당기곤 합니다. 그 결과, 때로는 기분 좋은 부분을 알아차리지 못하고 지나치거나 기분 좋게 만드는 장소로 나아가는 것을 소홀히 하거나 잊어버리기도 합니다. 하지만 기분 좋은 감정과 그 감정을 만들어내는 요소를 이해하면 하루, 며칠, 몇 주, 몇 년 동안, 언제든 기분을 좋게 만드는 감정으로 향하는 경로를 계획할 수 있습니다. 이 장에서는 우리를 기분 좋게 만드는 감정은 무엇인지를, 그 감정을 향해 롤러코스터를 움직이는 방법에 초점을 맞춰 보겠습니다.

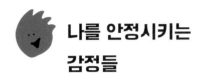

나를 안정시키는 감정들

감정 나침반의 오른쪽 하단에 위치한 나에게 안정감을 주는 차분함, 평화로움, 온화함, 편안함 같은 조용한 감정들을 집중해서 알아 보겠습니다. 이 감정들에 연관되는 기분은 사람마다 다르겠지만 일반적으로 감정 나침반의 기분 좋은 느낌에 자리합니다. 이 감정들은 우리의 감정 롤러코스터에서 중요한 부분을 차지하며, 마음을 돌보고 신체 예산을 균형 있게 유지합니다. 삶은 끝없는 요구로 바쁘게 돌아갑니다. 우리는 삶이 끊임없이 요구하는 과제를 완수하기 위해 서두르고, 계획을 세우고, 할 일 목록을 체크합니다. 이러한 끊임없는 흐름은 우리의 뇌에 상향 조정된 경계 상태를 초래합니다. 종종 우리는 너무 오랫동안 경계 상태를 유지하며 만성적인 스트레스를 받습니다. 휴식을 취하지 않고 긴장 푸는 것을 잊어버리면 더 많은 압박이 쌓이게 됩니다.

평온함을 비롯한 나를 안정시켜주는 감정은 롤러코스터의 속도를 늦추고 제 기능을 할 수 있도록 도와주는 중요한 중간 기착지입니다. 이러한 감정은 뇌에 휴식을 제공하여 긴장을 풀고, 소화를 돕고, 스트레스를 치유하고 조절하여 건강하고 행복한 몸과 마음을 만드는 데 도움을 줍니다.

평온함

긴장을 풀고 진정하라는 게 말은 참 쉽지요. 특히 화가 났을 때, "진정해"라는 말을 들어본 적이 있다면 이게 얼마나 어려운 일인지 누구보다 잘 알 것입니다. 평온함을 느끼는 건 항상 쉬운 일이 아니고, 개인마다 다르게 나타날 수 있습니다. 디지털 산만함, 두뇌의 산만함, 사회적 기대 등으로 인해 생겨난 '휴식은 게으르고 나태한 것'이라는 신념은 평온한 상태를 향해 나아가는 우리를 방해하고 그 밖의 온갖 잡동사니와 싸움을 붙입니다. 하지만 편안한 휴식을 통해 평온함을 얻는 것은 스트레스를 줄이고 에너지를 높이며 인지력을 향상해 신체 예산을 효과적으로 관리하고 몸과 마음, 그로 인해 느끼는 기분에 긍정적인 영향을 미치는 것으로 나타났습니다.

연결되었다는 감정

연결되었다는 감정은 나를 이해하고 지지하며 키워준다고 느끼는 사람들과 연결되는 것일 수도 있고, 공통의 관심사와 가치관 또는 공동의 목적에 연결되는 것일 수도 있습니다. 또한 우리가 하는 일과 참여하는 활동을 통해 개인적 차원에서 우리에게 중요한 것(관심사 혹은 이상)과 연결되는 것이기도 합니다. 감정은 우리 삶에서 더 연결되고 싶은 의미 있는 요소로 우리를 인도할 수 있습니다. 그러나 우리가 느끼는 감정은 우리의 가치관이 어긋나고 있거나 우리의 필요나 가치를 충족시키지 못하고 있다는 중요한 지표가 될 수도 있습니다. 의미 있는 방식으로 누군가와 내가 연결되어 있다고 느끼는 것은 삶에 긍정적인 영향을 미치고, 스트레스를 줄이며 신체 예산을 관리하고 건강과 삶을 개선하는 강력한 요소 중 하나입니다.

상호 경청의 자세

누군가 나의 이야기를 잘 들어준다는 것은 나의 감정을 안전하고, 잘 들어주고 지지받는다는 느낌과 비슷합니다. 우리 뇌는 서로 연결되어 있습니다. 우리가 대화하고 상호작용하는 사람들이 우리의 신경계를 조절하는 방식과 이에 따른 영향력으로 우리의 감정에 큰 영향을 끼칩니다. 내 감정에 귀를 기울여주는 사람은 내 기분을 지지해주는 사람입니다. 그들의 지지를 통해 나의 감정을 처리하고, 어려운 상황에서도 적절한 대처를 위해 감정을 조절하고 전달할 수 있습니다. 이는 어려운 생각을 풀고 관점을 전환하는 데도 도움이 되지요. 감정을 억제한다고 해서 항상 자신의 감정을 깊이 들여다 보는 것은 아닙니다(감정 억제는 누군가와 함께 있을 때 그들이 나를 어떤 모습으로 받아들일까 우려하여 감정을 누르는 것이지요). 이것을 꼭 기억하세요.

이렇게 침착함을 유지하며 타인의 이야기에 경청하는 것 역시 우리의 기분을 좋게 만듭니다. 다른 사람들과 나의 기분의 균형을 맞추는 것도 중요합니다. 모두에게 이런 경청의 자세가 필요하지만 특히 과거에 힘든 경험이 있었다면 누군가를 신뢰하기가 쉽지 않을 수 있습니다. 때로는 단순히 적절한 사람을 찾는 것이 중요할 수도 있고, 때로는 치료적 관계의 기초가 되는 신뢰하는 법을 배우는 것이 중요할 수도 있습니다. 이러한 감정에 어려움을 느낀다면 지금이 좋은 출발점인지 고려해볼 가치가 있습니다.

동정심(연민)

다른 사람에게 동감하고 그들을 이해하면 상대방의 감정에 도움이 되고 기분에도 긍정적인 영향을 줍니다. 또한 스트레스를 줄이고 기분 좋은 영향을 줄 수 있으므로 우리 자신에게도 도움이 됩니다. 다른 사람이나 나 자신을 통해 연민을 경험하는 것은 어려운 감정을 따뜻하고 포근한 담요로 감싸주고, 감정에게 핫초코를 건네 주는 것과 같습니다. 그러나 자신에 대한 가혹한 반응은 따뜻한 담요와는 정반대로, 울적해지는 순간 롤러코스터를 내리막길로 만들어 뇌와 신체에 스트레스를 주면서 더 어려운 감정을 만들어내고, 그 감정을 헤쳐 나가기 보다는 갇히게 만듭니다. 연민은 기분이 나쁜 이유를 탐색하고 이해하는 데 도움이 될 뿐만 아니라 그러한 감정을 받아들이는 데도 도움이 됩니다. 연민은 우리의 신체를 진정시키는 효과도 있습니다. 심장 박동수를 낮추고 신체의 스트레스 반응을 약화시킵니다. 연민의 힘을 키우면 다양한 감정을 불러일으켜 삶의 스트레스 요인과 좌절에 대처하는 데 도움이 되는 다양한 감정을 만들어낼 수 있습니다.

감정 연습 1

롤러코스터를 타고 편안한 휴식을 취해보세요

마지막으로 평온함을 느꼈을 때를 생각해 보세요. 무슨 일이 있었나요? 누가 함께 있었나요? 평온함을 느끼는 요인을 찾아내면 롤러코스터는 더 원활하게 달립니다. 몸에서 직접(호흡, 움직임 등을 통해) 평온함을 느낄 수도 있고, 내가 하는 일(안전하다고 느끼는 환경에 있을 때)을 통해 평온함을 느낄 수도 있습니다. 효과적인 휴식 등 나만의 작은 평온의 시간을 갖는 것만으로도 놀라운 효과를 얻을 수 있습니다. 앞의 이미지를 참고해 롤러코스터가 평온의 웅덩이를 지나고, 규칙적으로 잠시 쉬어갈 수 있는 방법을 생각해 보세요.

평온의 웅덩이를 지나는 방법	규칙적으로 휴식을 취하는 방법

152

언제 가장 연결되어 있다고 느끼나요?

사람, 가치관, 활동에서 연결되어 있는 것이 무엇인지 생각해 보고 아래에 적어 보세요. 롤러코스터 같은 일상에 이런 것들이 더 필요하진 않을까요?

연결되었다고 느끼는 사람	연결감을 느끼는 활동	연결되었다고 느꼈던 순간

이야기를 들어줄 사람을 구분하세요

규칙적인 경청은 업무와 개인 생활 모두에서 중요합니다. 직장에서는 동료, 멘토, 상사를 통해, 또는 내 이야기를 들어주는 이와 함께 밥을 먹고 커피를 마시는 것만으로도 할 수 있습니다. 개인 생활에서도 나를 지지해주는 사람들과 시간을 보내고 필요할 때 도움을 요청할 수 있습니다. 나의 이야기를 들어줄 사람은 누구일까요? 나에게 안정감을 주고, 내 감정을 안전하게 담아주는 사람은 누구일까요? 다음 일러스트를 통해 나의 청자를 찾아보세요. 안정감을 더욱 자주 느끼기 위해 나의 롤러코스터 궤도에 추가해야 할 것들이 더 있진 않을까요?

내 이야기를 들어주는 사람은 누구일까?

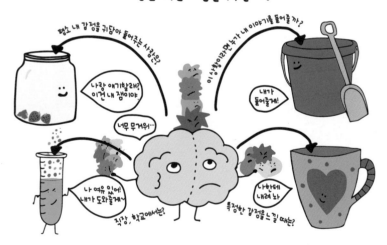

마음을 안아주세요

연민은 감정의 롤러코스터를 타는 데 도움이 됩니다. 그리고 연민은 더욱 적극적인 자세로 만들어낼 수 있는 감정이기도 합니다. 마음을 아프게 하는 사람보다 마음을 안아줄 수 있는 사람이 되어보세요. 아래 일러스트를 통해 어떤 상황에 마음이 아픈지 알아보고 연민의 힘으로 마음과 감정을 달래는 방법을 스스로 찾아보세요.

당신의 마음을 안아주세요

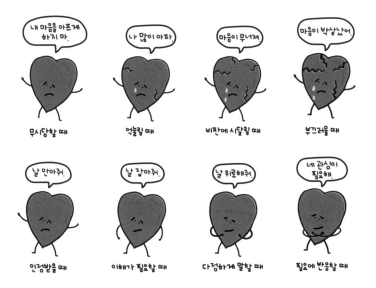

무시당할 때 — 내 마음을 아프게 하지 마.

억울할 때 — 나 많이 아파.

비판에 시달릴 때 — 마음이 무너져.

부끄러울 때 — 마음이 박살났어.

인정받을 때 — 날 안아줘.

이해가 필요할 때 — 날 잡아줘.

다정하게 말할 때 — 날 위로해줘.

필요에 반응할 때 — 네 관심이 필요해.

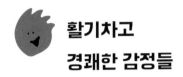

활기차고
경쾌한 감정들

이제 롤러코스터를 감정 나침반의 오른쪽 상단 사분면으로 이동하여 활기차고 경쾌한 느낌과 연관된 감정을 만나 보겠습니다. 감정은 좋은 것도 나쁜 것도 아니며, 모두 목적이 있다는 사실을 기억하시나요? 감정은 또한 고유하므로 이 책에서 설명하는 감정이 여러분에게는 다르게 느껴질 수도, 심지어 감정 나침반의 다른 위치에 놓일 수도 있습니다.

감정은 종종 서로 나란히 존재하기도 합니다. 감정은 컨베이어 벨트처럼 한 가지씩 차례로 오는 것이 아니라, 한 번에 여러 가지 상반된 감정이 섞여 있는 채로 우리에게 다가옵니다.

예를 들어, 자녀에 대한 사랑은 불안과 함께 찾아오고, 설렘은 두려움과 함께 찾아오며, 슬픔은 안도감과 함께 찾아오고, 오래된 사진을 볼 때 놀랍고 슬픈 향수가 마음에 일어나는 것처럼요.

여기서 설명하는 감정은 롤러코스터를 타는 과정에서 흔히 느낄 수 있는 감정이지만, 특정 상황에서는 도움이 되지 않을 수도 있습니다.

기대감을 예로 들어보자면, 기대감은 우리 뇌 시스템이 보상을 대비하여 뇌에 도파민을 넘치게 하고, 기분을 좋게 만들고, 최종 목표를 향해 노력하도록 하는 결과입니다. 하지만 바로 이 시스템을 기술 회사들이 악용하는 바람에, 이제 우리는 "좋아요", "댓글" 또는 "새 게시물"에 대한 보상을 기대합니다. TV 채널, 웹사이트, 소셜 미디어를 계속 스크롤하면서 기대한 보상이 주어지지 않으면 결국 기분이 나빠집니다.

기분 좋은 자극을 줘서 감정을 감추기 위해 음식을 먹거나, 슬픈 감정을 회피하기 위해 운동을 하는 식으로 어려운 감정을 피하는 경우도 있습니다. 중요한 것은 롤러코스터를 타는 동안 이러한 감정을 우리에게 유익하게 사용할 수 있는 방법을 이해하고, 나쁜 감정을 부정하거나 피하는 데 사용하지 않고 기분을 좋게 만드는 방식으로 이러한 감정을 만들어내는 것입니다. 자 이제 기쁨부터 만나봅시다!

기쁨

롤러코스터를 탈 때 필수 감정인 기쁨은 즐거움이나 행복을 느끼는 것입니다. 기쁨은 기분을 좋게 만들고, 건강과 삶의 질에 긍정적인 영향을 미치며, 심지어 선한 일을 하게 만들 수도 있습니다(연구에 따르면 기쁨을 느끼면 더 자비롭고 열린 마음을 가지며 이해심이 많아진다고 합니다). 우리는 기쁨을 창조할 수도 있고, 이미 존재하는 것에서 기쁨을 찾을 수도 있으며, 주의를 기울여 기쁨을 늘릴 수도 있습니다.

반대로 기쁨은 찾기 어려울 수 있습니다. 뇌가 우리에게 기쁨을 가져다주는 것들을 빠르게 지나쳐 다음 일로 넘어가거나 부정적인 것들에 주의를 빼앗기는 경우도 있습니다. 기쁨을 모든 일의 최종 목표로 삼으면 기쁨이 사라질 수 있습니다. "이봐, 걱정하지 말고 행복하라고!"라고 스스로에게 기쁨을 강요하면 압박감으로 인해 기쁨이 증발할 수 있습니다. 기쁨을 회피의 한 형태로 사용한다면 결국 다른 감정이 다시 떠오르면서 기쁨은 다른 감정에 휩쓸려 버릴 것입니다. 여행의 끝에서 기쁨의 목적지에 도달하려고 애쓰는 것보다 여행하는 동안 즐기는 것이 훨씬 낫습니다. 기쁨은 여정에서 짧은 시간 동안만 나타날 수 있는데, 다른 모든 감정도 여정에서 어느 정도의 공간이 필요하기 때문입니다. 하지만 기쁨은 잠시 멈추는 것을 좋아하지 않으며, 차례를 기다려야 한다고 생각하지도 않습니다. 기쁨은 여정에서 중요하고 규칙적인 부분이어야 합니다. 우리는 힘들 때 기쁨을 밀어내는 경향이 있지만, 기쁨을 알아차리고 들여보내면 가장 어두운 시기에도 기쁨이 숨어 있는 것을 발견할 수 있습니다. 기쁨은 색종이 조각처럼 하루와 여정 곳곳에 뿌려지는 것을 좋아합니다.

기대감

일상에 작은 기쁨을 계획하는 것은 (희망적으로) 긍정적인 영향을 경험할 뿐만 아니라, 뇌가 예상하는 이벤트 자체에 대한 기대감이 쌓여 기분에 영향을 미칠 수 있다는 점에서 두 배의 효과를 가져다 줍니다. 기대감은 예측성을 가진 두뇌의 기본 감정입니다. 이를 더 잘 이해하려면 먼저 뇌의 보상 시스템을 이해해야 합니다. 이 시스템은 음식, 파트너, 섹스, 편안함, 좋은 차 한 잔 등 생존을 돕기 위해 설계되었습니다. 이를 위해 이 시스템은 보상이 좋을 것이라고 예상하여 '도파민 반응'을 활성화하여 보상을 추구하도록 행동을 유도하고 기억을 사용하여 미래에 보상을 기대합니다.

하지만 보상을 기대할 때 뇌의 보상 시스템의 반응은 보상을 찾는 것보다 훨씬 더 활성화되기 때문에 보상에 대한 기대가 상황

자체보다 더 큰 만족감을 줄 수 있습니다. 이러한 기대감은 자신에게 좋지 않거나 도움이 되지 않는 행동일지라도 보상을 받으려는 행동으로 이어질 수 있습니다. 자신에게 좋지 않다는 것을 알면서도 썸 타는 상대를 쫓거나, 실제로 기분이 좋아지지 않는 소셜 미디어를 이용해 좋아요를 얻거나, 피할 수 없는 숙취로 인해 주말을 망칠 게 분명한데도 금요일 밤의 술자리를 기대하는 등 잘못된 기대감의 예를 누구나 경험해 본 적이 있을 것입니다.

보상 시스템은 물질이나 행동을 더 많이 찾게 만드는 기대심리를 만들어 물질 중독과 행동 중독에 영향을 미칩니다. 기대감은 강력하고 필요한 감정이지만, 도움이 되지 않는 방향으로 행동을 유도하기도 합니다. 그러나 이 지식을 활용하면 기대감을 유용하게 만들어 롤러코스터 운행에 도움을 줄 수 있습니다.

경외심

경외심을 통해 시야를 넓히고, 우리가 살고 있는 놀라운 세상을 인식하며, 우리 모두가 얼마나 작고 서로 연결되어 있는지 감사하는 마음을 가져보세요. 경외심은 우주의 광대함이나 복잡한 모양의 돌멩이 정도로 작을 수 있습니다. 경외심은 우리를 마음 밖으로 이끌어 더 넓은 관점에서 사물을 바라보게 합니다. 경외심은 마음 밖으로 관점을 이동시킴으로써 세상을 더 작게 느끼게 하면서 우리가 느끼는 감정의 크기도 축소합니다. 하지만 이렇게 느끼는 왜소함은 한 인간으로서 자신을 위축시키는 것이 아니라, 내가 느끼는 걱정의 무게가 작아지고 일상이 덜 귀찮게 느껴지게 만드는 동시에 자신의 가치를 키우고 이해와 사고의 폭이 넓어지게 만듭니다. 경외심은 긍정적인 기분을 조성하고 스트레스를 줄이는 데 도움이 됩니다. 우리는 종종 눈을 통해 풍경, 하늘, 소우주에 대한 경외감을 경험하는데, 이렇게 나의 시각을 광각으로 전환할 때 스트레스 반응도 줄어든다는 흥미로운 연구 결과가 있었습니다. 다음번 휴식을 취할 때는 휴대폰을 내려놓고 좁은 시야를 눈앞의 너른 풍경으로 옮겨보세요, 정말 좋은 효과가 있습니다.

자부심

"오만은 넘어지기 전에 온다"는 속담(또는 신화)처럼, 잘못된 자존심은 좋지 않은 결과를 가져옵니다. 종종 자존심은 자아가 크거나 오만하거나 다른 사람보다 우월하다고 느끼는 것과 관련이 있습니다. 즉 우리가 자신의 업적을 감추고 성공을 과대 포장할 때 자존심을 부린다는 뜻이지요. 그러나 아이러니 하게도 우리는 스스로에게 자부심을 느끼는 것을 부끄러운 것으로 배웁니다. 하지만 내가 생각하는 자부심은 우리가 다른 사람보다 우월하다고 느끼는 것이 아니라, 우리도 다른 사람들과 똑같이 훌륭하다는 것, 우리 모두는 매일 극복해야 할 어려움이 있다는 것, 끊임없이 롤러코스터를 타며 힘든 시기와 감정을 헤쳐 나간다는 것 등 우리의 성취를 인정하는 것입니다.

자부심은 다른 사람에게 해를 끼치는 것이 아니라 자신에게 유익한 일상의 성공을 축하할 수 있음을 의미합니다. 연민은 수치심에 대한 해독제일 수 있지만, 자부심을 우리를 기분 나쁘게 만든 상황을 바꾸고 새로운 시각으로 바라보는 데 사용한다면 수치심과는 정반대의 효과가 있습니다. "이런 기분이 들면 안 되는데"가 "끔찍한 기분에도 불구하고 하루를 버텨 냈어"로, "발표 정말 엉망이었어"가 "방향을 잃고도 발표를 끝낼 수 있었어"로 사고를 전환할 수 있습니다.

우리는 좋은 일뿐만 아니라 어려움을 극복한 것에 대해서도 자부심을 느껴야 합니다. 자부심은 오만함이 아닙니다. 힘든 인생에서도, 충돌과 부서짐, 낙석에도 불구하고 끊임없이 운행하는 롤러코스터와 같은 여정을 돌파해내는 스스로를 높이 사고 자부심을 느껴야 합니다. 그러니 그늘에서 벗어나 우리의 성취와 도전에서 자부심을 느끼고, 나아가 자부심을 느끼는 것에 자부심을 가져보

세요. 영국 밴드 엠 피플M People의 리드 싱어, 헤더 스몰Heather Small

이 '자부심Proud'이라는 노래를 부르며 "오늘 내가 한 일 중에 자부

심을 느낄 수 있는 게 무엇이었나What have you done today to make you

feel proud?"라고 우리에게 질문했던 것처럼요.

하이어레스
Hiraeth
웨일스어

깊은 그리움,
특히 고향에 대한
향수

기쁨의 색종이 뿌리기

여러분에게 기쁨이란 어떤 의미인가요? 여러분에게 기쁨을 가져다주는 것은 무엇인가요? 직장과 같이 자연스럽게 기쁨을 기대할 수 없는 곳에서도 기쁨을 느낄 수 있을까요? 힘들 때 작은 기쁨을 느낄 수 있나요? 롤러코스터를 타는 동안에도 기쁨의 색종이를 뿌릴 수 있습니다. 기쁨의 색종이에는 창조, 감사, 추구라는 세 가지 유형이 있습니다. 하루 중 작은 순간이라도 규칙적으로 이 세 가지에 시간을 할애하면 긍정적인 기분을 만들 수 있습니다.

색종이 만들기는 자신이 좋아하는 일을 계획하는 것입니다. 점심시간 밖에서 산책하기, 동료와의 티타임 등 무엇이든 기쁜 일을 조금씩 계획하세요. 기쁨을 느껴야 한다는 압박감 대신(그렇지 않으면 기쁨이 숨어버릴 수도 있으니), 평소 즐겨 하던 일에서 기쁨을 찾아보세요.

감사의 색종이는 자신이 경험한 기쁨을 생각하는 시간을 갖는 것입니다. 우리는 기쁨을 그냥 지나치는 경향이 있기에 감사하는 시간을 가지면 기쁨을 더 오래 남기고 강화하는 데 도움이 됩니다. 오늘 나에게 무엇이 기쁨을 가져다주었는지 생각해 보세요. 무엇을 잘했는지, 어떤 경험으로 인해 기분이 좋아졌는지 등등. 사진을 살펴보고, 적어보고, 누군가에게 이야기하고, 회상하는 것만으로도 기쁨을 확장할 수 있습니다.

기쁨의 색종이 찾기는 무엇이 기쁨을 주는지를 아는 과정입니다. 길에 어떤 꽃이 피었는지, 반려동물은 오늘 어떤 재미있는 장난을 하고 있었는지, 자녀에게 어떤 변화가 일어나고 있는지 등등. 이를 알아차리고, 사진을 찍고, 기억에 담으면 더 많은 기쁨을 만들 수 있습니다.

기대감 만들기

우리 모두는 어느 정도 계획을 세우지만, 집안일 같은 일상적인 일만 매일해야 한다고 느낍니다. 재미있고 편안한 활동, 신나는 활동 등 일상 외의 기대할 만한 일을 계획하면 긍정적인 이벤트에 대한 기대감을 조성할 수 있습니다. 이렇게 하면 앞으로 다가올 이벤트에 대한 기대감이 더해져 이벤트 자체에 대한 긍정적인 느낌을 높일 수 있습니다. 실제로 다이어리를 꺼내서 내일, 다음 주, 다음 달을 살펴보고 어떤 긍정적인 이벤트를 계획했는지 확인해보세요(저 같은 사람들은 자녀를 위해서는 기분 좋은 일을 여러 개 계획했지만, 나만의 캘린더에는 소홀한 경향을 보입니다). 이제 몇 가지 아이디어를 추가해보세요. 미래에 기분 좋은 감정을 만들 시간과 공간을 확보하고 현재에도 기분 좋은 감정을 만들어보세요. 해야 할 일만 계획하지 말고 하고 싶은 일, 즐기고 싶은 일을 계획하세요. 여러분의 다이어리에 기대감을 적극적으로 초대하면 롤러코스터 같은 일상에 긍정적인 영향을 미칠 수 있습니다.

 감정 연습 3

경외심 조성하기

아래 문답을 사용해 일상에서 경외감을 조성할 방법을 살펴보세요. 또한 이번 장에서 소개하는 기대감 만들기, 기쁨의 색종이 조각 또는 휴식 시간에 경외심을 추가할 수도 있습니다.

- 경외심이란 어떤 느낌인가요?
- 경외감이나 경이로움을 느끼게 하는 것은 무엇인가요?
- 경외감을 느끼게 하는 요소들을 어떻게 알아차릴 수 있나요? (예: 방해 요소 제거, 환경에 집중하기 등)
- 경외심을 일상에 어떻게 접목할 수 있나요?

감정 연습 4

자부심 제대로 느끼기

자부심에 대한 여러분의 신념을 생각해 보세요. 자랑스러워해서는 안 된다고 생각하거나 성취를 숨겨야 한다고 생각하나요? 이것이 여러분의 행동에 어떤 영향을 미치나요? 사람들에게 잘한 일보다 잘못한 일을 털어놓고 싶은가요? 이제 자부심에도 마땅한 관심을 기울여 보세요. 이 연습을 일과를 마무리하는 루틴의 일부로 매일 실천하는 게 좋습니다. 사람들에게 나의 자랑스러운 점을 알리려면 연습이 필요하므로 다른 사람과 함께 이 연습을 해보는 것도 좋습니다. 자신에게 다음과 같은 질문을 해보세요.

* 오늘 내가 자랑스러워할 만한 일을 했나요?

* 오늘 내가 자랑스러워할 만한 도전에 직면한 적이 있나요? 오늘 내게 자랑스러워할 만한 잘못이 있었나요?

* 오늘 내가 다른 사람에게 보인 반응 중 자랑스러워할 만한 게 있었나요?

* 내일 내가 자랑스러워할 만한 일은 무엇인가요?

* 작년 이맘때 나를 돌아보고 자랑스러워할 점이 무엇인지 찾아보세요.

* 다른 사람의 관점에서 내 상황을 바라본다면 어떤 점을 자랑이라고 말할까요?

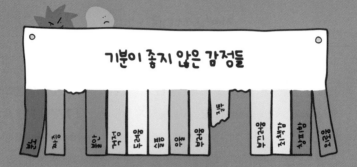

기분이 좋지 않은 감정들

세로 라벨(위 깃발): 화남 · 짜증 · 분노 · 진노 · 역겨움 · 경멸 · 혐오 · 언짢음 · 밝음 · 악랄하다 · 모욕적인 · 수치스러운 · 울적한

그렝 자이
Greng Jai
태국어

다른 사람의
도움을 받는 것이 내키지
않아 꺼리는 마음

에스프리 드 레스꺌리에
Esprit de L'escalier
프랑스어

사건이 발생한 후
늦게서야 완벽한 대응법이
떠올랐을 때 느끼는 후회

미슬리니스
Misslieness
스코틀랜드어

사랑하는 사람이나
사랑하는 무언가를
그리워할 때 느끼는
고독한 감정

프렘드쉐먼
Fremdschamen
독일어

무의식적으로 다른 사람들이
스스로 부끄러운 행동을 할 때
내가 느끼는 당혹감

오이메
Oime
일본어

소외되어 느끼는
극심한 불안감

엘립시즘
Ellipsism
영어

앞으로 인류의 역사가
어떻게 흐를지 모른다는
데서 기인하는 슬픔

헉 먹
Huck Muck
영어

사물이 제자리에 있지
않을 때 느껴지는 혼란

크루어치 프루어클스
Croochie proochies
스코틀랜드어

비좁은 공간에 오랫동안
앉아있을 때 느끼는
저릿하고 불편함

말루
Malu
인도네시아어

존경하는 사람 앞에서
당황하는 마음

5장
불편한 감정들

 이제 우리는 롤러코스터를 타고 나침반의 불쾌한 쪽에 해당하는 감정, 즉 슬픔의 저점, 통제 불능으로 느껴지는 높은 불안, 탈출구가 없는 막다른 골목, 고여드는 죄책감, 스며드는 수치심, 때로는 갑자기 나타나는 분노의 화산으로 이동하고 있습니다. 불쾌한 감정의 고비, 저점, 상승은 인생의 험난한 롤러코스터를 타는 과정에서 피할 수 없는 부분이며, 우리는 이를 이해하고 극복하는 방법을 배워야 합니다. 힘든 감정을 어떻게 다루는지에 따라 우리는 감정의 틀에 갇힐 수도, 감정의 길을 헤쳐 나가게 될 수도 있습니다. 이 장의 제목을 보고 여러분이 파멸의 구렁텅이로 빠지는 것은 아닌지 우려되겠지만, 이 장에서는 불편한 감정을 똑바로 직시하고, 그 반응을 이해하여 희망적인 고속도로를 달릴 수 있는 법을 배울 수 있습니다. 불편한 감정을 정상적인 삶의 일부로 인식하면 감정을 다른 시각으로 바라보는 힘이 생깁니다. 이러한 감정들은 파멸의 예언자가 아니라 나의 행동과 감정을 유익한 방향으로 안내하는 데 사용할 수 있는 지표, 프롬프터, 신호입니다. 물론 이 장에서 다룬 감정보다 더 어려운 감정이 더 많지만, 이 장과 지난 3장에서 사용한 다양한 감정 연습을 적용해보세요. 감정을 더 구체적으로 탐색할 수 있을 거예요.

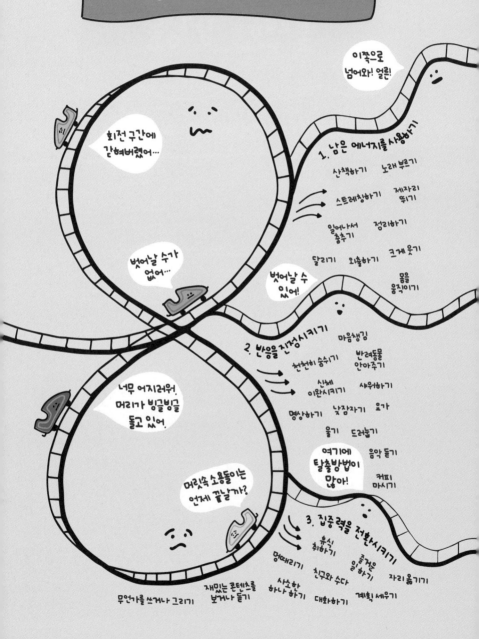

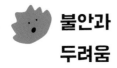

불안과
두려움

불안은 어떤 생각에 사로잡히거나 속이 울렁거리는 것과 같은 다양한 신체 및 정신 반응을 설명할 때 사용하는 용어입니다. 불안이 나타나는 방식에 따라 우리는 긴장, 불안, 걱정, 초조, 공포, 공황 등 매우 다양한 증상을 경험합니다. 또한 특정 상황에서 불안을 느끼는 사회적 불안도 있습니다. 특정 대상에 대한 반응으로 불안을 느끼는 공포증도 있습니다. 사람마다 느끼는 정도가 다르지만, 많은 사람이 불안을 이해하거나 경험한 적이 있을 것입니다.

충격적인 상황이나 삶의 주요 스트레스 요인을 경험할 때 불안감을 느끼는 것은 당연한 일입니다. 스포츠 선수라면 누구나 시합을 앞두고 불안감을 느껴본 경험이 있을 것입니다. 시험을 앞둔 사람들에게 물어보면 대부분 불안감을 느낀다고 답할 것입니다.

비욘세Beyoncé, 미셸 오바마Michelle Obama, 영국의 첫 우주비행사 팀 피크Tim Peake, 위대한 동물학자 데이비드 애튼버러David Attenborough, 빌 게이츠를 게스트 명단에 올린 가상의 세미나를 주최했다고 상상해볼까요(어차피 상상이니 참석 인원의 목표는 높게 잡아봐요!)? 이 위대한 사람들도 아마 자신이 불안감을 느꼈던 경험 하나쯤은 분명 말할 것입니다.

불안은 물론, 불안과 유사한 개념인 걱정과 두려움은 일반적인 감정으로 빈도나 강도, 지속 시간이 다양합니다. 불안이 삶에 방해가 된다고 생각할 수도 있지만, 불안은 위협을 발견하고 행동에 대비하며, 롤러코스터 같은 인생에서 발생하는 일들을 향해 나아가거나 멀어지게 하는 등 나에게 도움이 되도록 설계되어 있습니다. 불안은 일이 잘못될 때를 알아차리고, 감당할 수 있는 수준보다 스트레스 요인이 많을 때 신호를 보내는 데 도움이 될 수 있습니다. 뿐만 아니라 우리가 불안이라고 부르는 감정의 근원이 되는 신체적 반응은 더 일반적으로 우리 삶의 기본이기도 합니다.

불안은 뇌의 예측에 따라 신체가 올바른 에너지와 신체 자원을 공급할 수 있도록 행동할 준비를 하는 투쟁-도피-경직반응과 관련이 있습니다. 이는 근본적으로 기본적인 뇌 기능, 항상성, 신체 균형 유지 및 현명한 자원 사용을 위한 반응입니다. 음식을 찾거나, 괴롭힘에 대처하거나, 업무 마감일을 맞추기 위해 각성하거나, 월요일 아침을 맞이하기 위해 기상할 때처럼, 처리해야 할 모든 일에 필요한 반응으로 우리 몸은 계속해서 움직입니다. 이를 위해 뇌는 코르티솔과 아드레날린 호르몬을 분비하는 신호를 발동하여 교감신경계를 활성화합니다. 이러한 신체 반응은 때때로 불안과 관련된 감정을 유발할 수 있습니다. 포도당이 혈류로 방출되고 지방이 분해되어 에너지를 공급하며, 호흡이 증가하여 체내에 더 많은 산소를 공급하고, 심장이 더 빨리 뛰면서 혈액을 더 빨리 펌프질하고, 동공이 확장되고, 생각이 더 집중되고, 감각이 예민해지고, 근육은 긴장합니다. 이 모든 과정을 통해 신체는 필요한 모든 행동에 대응할 준비가 되고, 뇌는 그에 따라 기능의 우선순위를 정하는 것이지요. 소화불량, 복잡한 생각 과정이나 계획 짜기, 타액 분비(저처럼 긴장할 때면 입이 마르시는 분?)를 억제하고 시야를 좁히는 등, 불안할 때 인간의 신체는 목표 달성을 방해할 수 있는 다른 복잡한 기능의 우선순위를 낮춥니다. 이러한 신체 반응은 불안이라는 꼬리표를 붙일 수 있지만, 단순히 불안이나 두려움에 관한 것이 아니라 효과적인 일상생활과 신체 에너지를 필요에 맞게 사용할 수 있도록 도와줍니다. 교감신경계를 활성화하는 것은 건강하고 안전하며 활기찬 생활을 유지하는 데 필수적인 부분입니다.

하지만 때때로 우리의 예측이 우리의 필요와 맞지 않을 때도 있습니다. 그 결과 신체 시스템이 과도하게 활성화되면 몸의 균형이 깨져 장기적으로 기분과 건강에 해로울 수 있습니다.

우리의 뇌는 여러 가지 이유로 위협을 과도하게 예측할 수 있습니다. 스트레스가 많은 상황에 놓일 때, 이미 뇌는 위협을 예측하기 위해 준비된 상태로 높은 경계 태세를 갖춥니다. 과거에 특정 상황과 관련된 트라우마나 스트레스를 경험한 적이 있다면 비슷한 상황에 처했을 때 뇌가 비슷한 방식으로 반응할 가능성이 높습니다. 이는 냄새나 소리 같이 사소해 보이는 데이터에서 유사점을 발견할 때도 발생합니다. 또한 스트레스와 트라우마를 많이 겪은 사람은 위협의 가능성을 경계하는 뇌 경로가 발달할 가능성이 높습니다. 이런 사람들은 들어오는 데이터의 사소한 유사성에도 큰 신체적 반응이 나타날 수 있습니다.

완전히 다른 맥락에서도 뇌는 과거의 경험을 바탕으로 행동에 대비해야 한다고 알려줍니다. 즉 뇌가 위협을 예측하고 필요하지도 않은데 신체를 흥분시키고 에너지를 준비하게 되면, 그 에너지는 갈 곳이 없어 불청객처럼 머물러 불안이라는 감정을 일으킬 수도 있다는 뜻이지요. 그리고 이에 따라 신체 예산이 크게 소모되고 지치고 피곤하고 기운이 빠지며 건강에 영향을 미치게 되는 것이지요.

우리의 뇌는 가끔 신체적 감각의 다른 원인이 있음에도 불구하고 이를 불안으로 분류하기도 합니다. 위장 질환이나 심장 질환 등의 기저 질환이 불안으로 분류되는 경우도 드물지 않은데, 그 원인이 되는 감정이 비슷하기 때문입니다(그래서 저는 불안 증상에 근본적인 원인이 있다고 우려되는 경우에는 꼭 의료 전문가의 진찰을 권유합니다).

불안이 닥쳤을 때 우리의 반응은 불안의 파도를 타거나, 빠져나오기 어려운 악순환의 고리에 빠지게 할 수도 있습니다. 불안하면 기분이 좋지 않기 때문에 묻어두려는 마음이 드는 것이 당연하지만, 회피는 문제를 해결하지 못합니다. 더 나아가 우리의 뇌가 더 나은 예측을 하는 법을 배울 수도 없습니다. 사람들이 나를 좋아하지 않을지도 모른다는 생각에 실제 마주해야 할 사회적 상황을 회피해버리는 경우도 있는데요, 이 경우 상황을 직접 겪지 않고 본인의 가설을 실험해보지 않았기 때문에 이런 생각이 그대로 굳어집니다.

사교적인 모임에 나가 술을 한잔하거나 지속적인 관계를 만드는 것 자체가 무서워서 두려운 상황에 대처하기 위해 광범위한 계획을 세워버리는 행동도 일종의 회피입니다. 이러한 행동은 단기적으로는 불안을 줄이는 것처럼 보이지만 장기적으로는 불안을 증가시킵니다. 회피가 본질적으로 나쁜 것은 아니지만, 불안에 대한 대응책으로 자주 사용한다면 문제를 해결하는 데 전혀 도움이 되지 않습니다.

특정 행동을 문제 해결에 도움이 되지 않는 회피로 분류하기가 항상 쉬운 결정은 아닙니다. 필요할 때 정신적 부담을 줄이는 데 도움이 될까요, 아니면 그저 불필요한 회피에 지나지 않을까요?

두려움을 극복하기 위해 두려움에 직면하는 것이 우스꽝스럽게 들릴 수도 있지만, 이는 과학적으로 증명된 사실입니다. 두려운 것을 피하면 뇌는 계속해서 불안이라는 감정을 만들어냅니다. 하지만 두려운 것에 점차 익숙해지면 예측이 바뀌고 그에 따른 불안감도 점차 줄어들게 되지요. 결과적으로 뇌는 결국 자신에게 예측 오류가 있음을 깨닫고 새로운 예측으로 스스로 수정하게 됩니다.

불안이 반복되면 다른 반응들에도 영향을 미칩니다. 뇌의 예측이 우리의 욕구와 맞지 않을 때 생성된 반응에 우리는 그 감정에 계속 매료될 수 있습니다.

에너지 방출, 얕은 호흡, 두근거리는 심장 등 불안으로 인해 생성된 신체 반응들이 갈 곳이 없어지고, 뇌가 의도한 대로 사용되지 않기 때문에 그 반응에 갇혀서 줄어들기는커녕 더 커져서 더 불안을 느끼게 됩니다.

다음의 감정 연습을 통해 불안의 고리를 찾아보세요. 불안의 고리를 끊는 방법을 찾는 데 도움이 될 것입니다.

불안을 극복하는 방법

불안을 극복하고 뇌와 몸의 반응을 도움되는 방향으로 유도하기 위해 어떤 방법을 사용할 수 있을까요? 172쪽의 일러스트를 보고 자신이 끝없는 회전 구간에 갇혀 있다는 신호를 알아차리고, 어떤 경로를 이용하면 그 구간을 벗어나는 데 도움이 될지 생각해 보세요. 두 개 이상의 트랙을 써도 괜찮습니다.

두려움에 맞서기

회피하는 두려움에 대해 생각해 보고 다음 일러스트를 사용해 두려움을 조금씩 직면하고 뇌가 더 나은 예측을 할 수 있도록 도울 방법을 생각해 보세요.

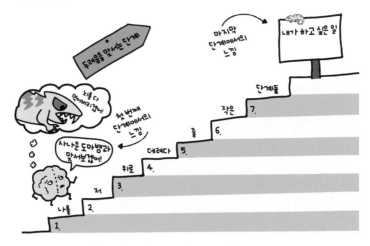

열기구 타기

도피-투쟁 반응은 신체적으로는 눈을 통해, 인지적으로는 두뇌 과정과 그에 따른 사고를 통해 의도적으로 집중력을 떨어뜨립니다. 이번 연습문제에서는 예일대학교의 감정 연구자인 마크 브래킷Marc Brackett이 랭건 차터지Rangan Chatterjee 박사의 팟캐스트에 출연하여 소개한 비유를 바탕으로 나의 시야를 넓힐 방법을 알려줍니다.

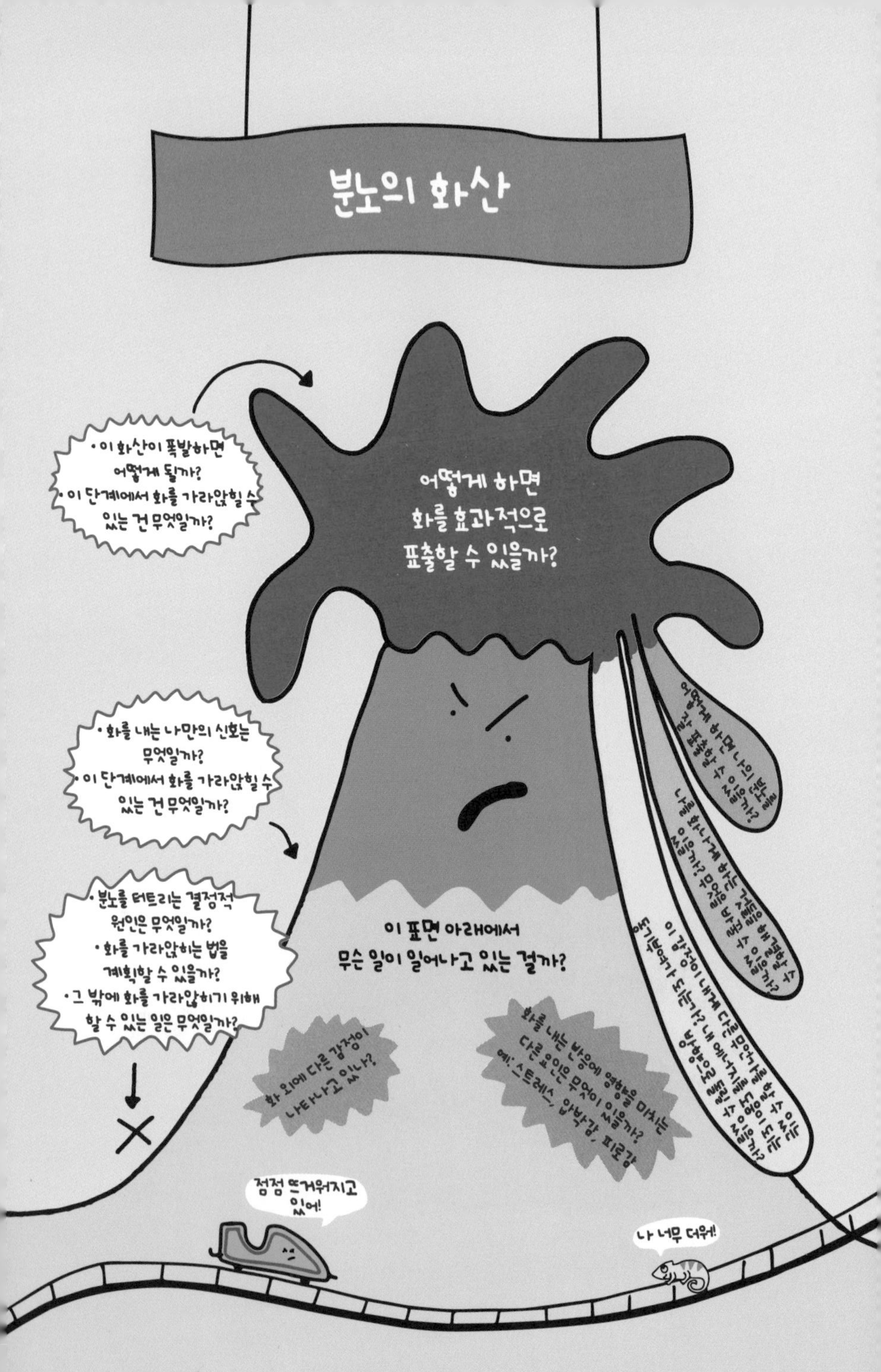

분노의 화산
• 이 화산이 폭발하면 어떻게 될까?
• 이 단계에서 화를 가라앉힐 수 있는 건 무엇일까?
어떻게 하면 화를 효과적으로 표출할 수 있을까?
어떻게 하면 나의 분노를 잘 표출할 수 있을까?
나를 화나게 하는 것들을 해결할 수 있을까? 무엇을 바로잡을 수 있을까?
이 감정이 내게 다른 무언가를 할 수 있는 동기부여가 되는가? 내 에너지를 도움이 되는 방향으로 돌릴 수 있을까?
• 화를 내는 나만의 신호는 무엇일까?
• 이 단계에서 화를 가라앉힐 수 있는 건 무엇일까?
• 분노를 터트리는 결정적 원인은 무엇일까?
• 화를 가라앉히는 법을 계획할 수 있을까?
• 그 밖에 화를 가라앉히기 위해 할 수 있는 일은 무엇일까?
이 표면 아래에서 무슨 일이 일어나고 있는 걸까?
화 외에 다른 감정이 나타나고 있나?
화를 내는 반응에 영향을 미치는 다른 요인은 무엇이 있을까? 예: 스트레스, 압박감, 피로감
점점 뜨거워지고 있어!
나 너무 더워!

 분노

분노는 롤러코스터에서 어떤 모습으로 등장할까요? 급작스럽게 폭발하여 파괴를 일으키고 열차를 탈선시키거나 앞길을 막는 거대한 화산일까요? 평소에는 아무렇지도 않은 일에도 불쑥불쑥 튀어나와 표면 아래에서 부글부글 끓다가 터져버리는 좌절감일까요? 업무 회의에서 압박감이 파도처럼 밀려오면서 등장할까요? 실망, 상처, 당혹감 등 다른 감정을 표현하는 주된 방식일까요? 자동차 운전석 뒤에서, 혹은 온라인 커뮤니티의 익명에 가려 표출될까요? 우리는 자라면서 분노는 부끄러워해야 할 감정이라고 배웠기 때문에 때로 먼 메아리처럼 느껴지는 분노를 꼭꼭 숨기며 살았지만 정작 자신이 어떤 감정을 느끼고 있는지 잘 모를 때도 있습니다.

분노는 불안과 같은 다른 불편한 감정과 유사한 생리적 메커니즘이 기저에 깔린 경우가 많지만, 우리는 분노를 다르게 분류하고 이해하는 경향이 있습니다. 다양한 원인과 결과를 수반하는 여러 가지 반응과 감각을 포함해 우리는 분노라고 표현하지만, 분노라는 말로 이를 다 설명할 수는 없습니다.

분노의 원인

이제 분노의 원인이 무엇인지 생각해볼까요. 롤러코스터에 탑승한 당신, 불공평함에 대한 반응으로 분노가 발생합니다. 자신이 존중받지 못하거나 무시당한다고 느끼는 순간, 궤도가 급격히 눈앞으로 휘어지고 예상치 못한 분노는 카레이서 루이스 해밀턴Lewis Hamilton의 자동차 속력만큼 빠르게 혈압을 높입니다.

자신이 위험에 처해 있거나 소중한 사람이나 사물이 위험에 처해 있어 보호가 필요하다고 생각할 수도 있습니다. 또는 굳게 믿고 있는 가치가 위반되는 것을 목격했을 수도 있습니다. 저 개인적으로는 제 롤러코스터 화산 폭발 단추는 바로 장애인 주차 구역에 불법으로 주차하는 사람을 목격했을 때입니다. 그야말로 이기적이라는 생각에 분노 단추가 연타 당하는 기분이랄까요.

물론 뇌에는 실제 분노 단추란 건 없습니다. 뇌는 예측을 통해 분노라는 감각을 만들어내고, 사람은 자신이 처한 맥락에서 이러한 감각을 이해함으로써 감정을 만들어내니까요. 분노를 느끼는 대부분 상황에서, 뇌는 자신에게 닥친 불의, 범법 또는 위험에 대처하기 위해 에너지가 필요하다고 예측합니다.

분노는 다른 감정을 경험할 때, 특히 감정을 억누르려고 하거나 표현할 방법이 없을 때 나타나는 감정과 반응이기도 합니다. 상처, 실망, 수치심 또는 부끄러움이 거품 반응의 기저에 깔려 있을 수도 있습니다. 맥주 위에 올린 거품처럼, 그 밑에 너무 많은 일이 일어나는 순간 거품이 넘쳐버리는 것이죠. 즉 힘든 시기를 겪고 있거나, 다른 큰 감정을 느끼거나, 너무 많은 압박감을 경험하는 경우, 거품 표면 아래에서 무슨 일이 일어나고 있는지 이해하지 못한 상태로 작은 일에 거품이 팡, 터질 수 있습니다.

가령 스포츠 경기에 흥분했거나, 고강도 운동을 마쳤거나, 극도의 압박을 받거나, 매우 더운 상태 등 이미 조절이 잘 안 되는 상태에서도 분노가 폭발할 가능성이 더 높습니다. 스포츠 경기 중에는 가정 폭력 사건이 증가한다는 것은 잘 알려진 사실이며, 이는 사람들이 이미 감정이 격해져 있어 분노로 반응할 가능성이 높기 때문입니다. 여기에 억제력을 떨어뜨리는 알코올을 더하면 더 독이 되는 것이지요.

같은 행동을 하는 사람들과 함께 있거나, 자동차 운전대를 잡거나, 온라인에 접속하는 등 상황에 따라 억제력이 감소할 수도 있습니다. 결과적으로, 우리의 뇌는 분노를 느끼거나 표현하는 결과를 초래하는 예측을 내릴 가능성이 더 높은 것으로 봅니다. 실제 생활에서 볼 가능성이 훨씬 적은 행동을 온라인에서 얼마나 자주 볼 수 있을까요?

화를 내는 이유를 알 수 없는 이유

분노를 표현하거나 억누르거나 표출하는 방식은 도움이 되지 않습니다. 우리 뇌의 예측은 과거의 경험과 우리 삶에서 일어나는 다른 일들에 근거하기 때문에 감정 폭발이 현실 상황의 맥락과 맞지 않을 수 있습니다. 우리는 화를 내면서도 그 이유를 알 수 없는 때도 있습니다.

때로는 자신과 타인에 대한 기대치가 비현실적일 때, 이러한 기준이 불가피하게 충족되지 않을 때 화를 내기도 합니다. 분노를 용납할 수 없다고 생각할 때 분노를 억누르게 만들거나, 반대로 분노를 지배적이고 수용할 수 있는 감정이라고 생각할 때 분노를 표출합니다(전통적으로 남성의 경우, 연구에 따르면 어릴 때부터 여성보다 분노를 표현하도록 사회화되어 자라기 때문에 더욱 노골적으로 분노를 표현하는 편이라고 합니다).

 하지만 낮 동안 짜증 나는 일을 참았다가 집에 돌아와서 과도한 소리와 욕설로 표출하면 인간관계에 부정적인 영향을 미칠 수 있습니다. 스트레스를 많이 받거나 수면 부족과 같이 방어력이 떨어지면 결과적으로 짜증과 화를 낼 수 있습니다. 우리는 이미 조절력이 높아져 있으며, 그 거품을 유리잔 밖으로 밀어내는 데 많은 시간이 걸리지 않아서 성격에 맞지 않거나 부끄러운 행동을 하게 됩니다.

분노도 활용할 수 있다

 물론, 분노가 모두 나쁜 것은 아닙니다. 세상의 많은 긍정적인 변화들은 불공정, 차별, 그리고 불공정에 대한 분노 때문에 일어났습니다. 인종차별을 겪은 미국의 시민운동가 로사 파크스Rosa Parks는 백인에게 버스 좌석 양보를 거절하며 흑인들의 조직적인 버스 승차 거부 운동을 이끌어냈습니다. 기후 변화에 대항한 그레타 툰베리Greta Thunberg의 분노는 환경 캠페인을 이끌었고 전 세계에 긍정적인 영향을 미쳤습니다. 분노는 잘 활용한다면 우리에게 미래 세대의 롤러코스터가 거쳐 갈 세상을 궁극적으로 개선할 에너지와 추진력을 줄 수 있습니다.

분노는 종종 이차적인 감정으로 이어집니다. 분노에 대한 고정
관념이나 우리가 보이는 행동에 대한 당황스러움으로 이따금 우
리는 분노라는 감정을 경험했다는 것 자체에 수치심을 느끼기도
하지요. 분노로 인해 내가 뱉은 언행이나 행동을 후회할 때도 있
습니다. 이런 경험 때문에 종종 분노를 느꼈을 때 이를 감추기도
하지요. 그러나 내가 느끼는 분노를 억제할 인지적 자원이 부족해
지는 어느 순간, 분노는 표출되기 마련입니다.

궁극적으로, 우리가 분노를 경험할 때, 그것의 기저에 있는 요인
들에 주목하고 당신의 분노를 잘 이해하고 전달할 수 있는 방법을
찾는 것이 가장 좋습니다. 사실, 당신이 느끼는 분노를 이해한다면
당신의 세계와 이 세상 전체를 더 나은 방향으로 바꿀 수도 있기
때문입니다.

무엇이 우리의 분노의 화산을 부채질하고 있나요?

무엇이 당신의 화산폭발을 일으키는지 182쪽 일러스트를 사용하여 생각해 보세요. 어떤 이유로 분노가 유발하는지 알아낸다면 상황에 맞춰 감정을 능동적으로 계획할 수 있습니다. 화가 나기 시작하는 징후를 메모하고 도움이 될 수 있는 전략을 생각해보세요. 당신의 마음이 과부하가 걸려 복잡한 것을 관리할 수 없을 가능성이 크므로 화산이 폭발할 때를 맞춰 간단한 전략을 사용해보세요. 우선 육체적인 반응을 진정시키는 게 좋습니다. 세 번은 천천히 숨을 들이마시고 네 번은 내쉬는 호흡법도 도움이 됩니다. 아니면 상황에서 벗어나는 것도 좋은 방법입니다. 본인의 에너지를 다른 신체 활동의 폭발로 빠르게 소진하는 방법도 있습니다. 본인에게 도움이 된다면 안전한 곳에서 소리를 내지르는 것도 괜찮은 방법입니다.

- 분노의 징후들　　　　　　・ 분노를 누그러 뜨리는 방법

화산 꼭대기에서 분출되는 용암

종종, 분노는 많은 다른 일들이 일어나고 있을 때 나타나거나, 다른 감정을 표현하기 위해 표출되기도 합니다. 용암 아래에 부글거리는 것이 무엇인가를 직면하는 것도 도움이 될 수 있습니다. 표면 아래에 무슨 일이 일어나고 있는지 생각하기 위해 182쪽의 일러스트를 사용해보세요.

• 나를 끓게 하는 것들

분노를 의사 표현의 하나로

분노가 발생하는 것을 매번 멈출 수는 없지만, 어떻게 하면 나의 감정을 효과적으로 전달할 수 있을지 생각해 볼 수는 있습니다. 182쪽 일러스트 속의 질문을 사용하여 어떻게 나의 분노를 유용한 소통방식의 하나로 바꿀 수 있을지 고려해보세요.

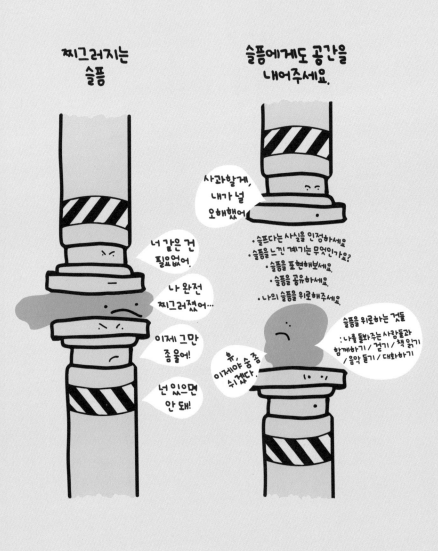

 **슬픔**

태어나서 지금껏 한 번도 슬픔을 느껴본 적이 없는 사람은 없을 거예요. 슬픔은 인간의 경험에 있어 가장 필수적인 부분 중 하나로 (도움이 되거나 방해가 되는) 슬픔의 본질은 인류사에서 내내 논의되어 온 주제이기도 합니다. 우울함, 절망, 슬픔 그리고 다른 많은 꼬리표는 우리가 롤러코스터를 향해 던진 다양한 돌들의 결과로, 피할 수 없는 감정들을 묘사하는 데 사용되는 감정의 구성 요소가 되어 왔습니다. 심지어 슬픔은 어떤 형태로든, 어떤 상황에서든 경험할 수 있는 보편적인 감정입니다.

슬픔은 슬픔, 상실, 고통, 아픔, 질병, 스트레스, 압도감이라는 예상되는 롤러코스터를 타고 모든 종류의 장소에서 나타납니다. 하지만 지나간 시간을 떠올리게 하는 생일 축하, 기다리던 아기의

탄생에 대한 기쁨과 갓 태어난 아기의 현실에 대한 슬픔이 뒤섞인 감정, 고대하던 은퇴를 앞두고 자유는 반갑지만, 현실적인 문제로 고민해야 할 때처럼 긍정적인 감정을 느껴야 마땅한 순간에 예기치 않게 찾아올 때도 있습니다. 슬픔은 일반적으로 일시적인 감정을 설명하는 데 사용되지만, 우울증을 통해 우리 삶의 일부가 될 수 있습니다(항상 슬픔만 느끼는 것은 아닙니다. 공허함, 희망이나 긍정적인 감정의 결여 또는 감정의 결여가 모두 포함될 수도 있습니다). 최근의 역학 연구에 따르면 우리 중 많은 사람이 일생 장기간의 우울한 기분을 경험한다고 합니다. 따라서 슬픔은 예측할 수 없고 힘든 세상을 살아가면서 우리의 감정 뇌가 비틀거리며 느끼는 삶의 일부입니다. 우리는 슬퍼하는 법을 배워야 하지만, 종종 방법을 모르거나 스스로 슬픔을 느껴서는 안 된다고 억누르기도 합니다.

실제로 슬픈데도 슬프지 않은 척하는 사람은 너무도 자주 마주칩니다. 슬픔은 우리 삶에서 매우 흔한 감정이지만 우리는 종종 그 존재 자체를 부정합니다. 아마도 많은 사람이 추구하는 감정인 행복과 정반대되는 것처럼 보이기 때문이겠지요. 하지만 실제로 슬픔과 행복은 우리가 생각하는 것보다 더 밀접하게 연관되어 있으며, 어느 하나가 다른 하나를 부정하지 않습니다. 우리를 행복하게 하는 일로 슬픔을 경험할 수 있고, 인생의 가장 어두운 순간에도 행복을 경험할 수 있습니다. 슬픔이 내면의 실패, 즉 대처 능력이 부족하거나 삶을 잘 살지 못하다는 것을 가리키는 것이라고 믿으면 슬픔을 느끼는 순간 역경이 시작됩니다. 긍정적인 기분만 찾으려는 우리의 핵심 대처 전략은 바쁨, 성취, 억지 긍정, 심지어 물질로 슬픔을 밀어내는 것일 수 있습니다(92쪽 일러스트를 참고하여 슬픔에 대한 자신의 신념을 구체적으로 살펴보고 방해가 되는 신화를 깨뜨리는 것이 도움이 될 수 있습니다). 슬픔의 롤러코스터에서 억지로 벗어나려 할수록, 인지능력에 부침이 찾아오고 스트레스를 유발하며 감정을 처리하고 이해하거나 슬픔이 발생하는 원인을 해결할 수 없는 때도 있습니다. 또한, 우리가 슬픔을 밀어낼수록 오히려 슬픔은 제 자리에 머물고 커지며 더 오래 지속될 가능성이 높습니다.

슬픔의 또 다른 아이러니는 슬픔이 무의미하다는 인식입니다. 전통적으로 우리는 행복은 자신의 선택이라 배웁니다(반대의 경우 비난이 찾아온다고 믿지요). 이것이 슬픔에 대한 우리의 신념에 영향을 미쳤습니다. 슬픔에 빠지는 게 자기 연민이자 한탄이라 생각하나요? 우는 것은 불쌍한 일이고, 나의 슬픔은 세상에 드러내서는 안 된다고 생각하나요? 10대 시절 슬픈 영화를 보면서도 나는 꾸역꾸역 눈물을 감추려 노력했습니다. 이건 분명 내 신념과 행동에도 영향을 미쳤습니다. 그러나 신기하게도 눈물을 흘리면 엔도르

핀이 분비되어 기분이 나아진다고 합니다. 어린 시절의 저는 울음을 삼키는 게 더 쿨한 사람이라 믿었어요(아니면 적어도 남들 눈에 그런 모습으로 비칠 것이라고 믿었을지도요). 그런데 연구에 따르면 슬픔을 경험하는 것이 우리에게 도움이 될 수도 있다고 합니다. 슬픔은 무언가 잘못되었다는 것을 강조할 수 있습니다. 즉, 우리 삶에서 일어나는 일에 대처하기 위해 보이는 반응이자 행위가 슬픔입니다. 또한 슬픔은 유대감을 형성하는 데 도움이 되는 연결의 감정이 될 수도 있습니다. 다른 사람에게서 슬픔을 발견하면 어려운 시기를 함께 이겨내자는 신호일 수 있습니다.

어려운 감정과 비교해야만 기쁨을 느낄 수 있으므로 슬픔을 통해 행복을 경험할 수도 있습니다. 저는 함께 일한 많은 사람이 힘든 시기를 겪은 후 자신에게 의미 있는 것에 더 많이 연결되는 것을 발견했습니다. 따라서 슬픔은 롤러코스터의 속도를 늦추고 무엇이 잘못되었는지 분석해 앞으로 나아가는 데 도움이 될 수 있습니다.

모든 감정과 마찬가지로 슬픔은 신체에서 일어나는 일과 밀접한 관련이 있습니다. 슬픔이 면역 체계와 어떻게 연관되어 있는지에 대한 흥미로운 최근 연구가 발표되었습니다. 아플 때 슬픔을 느끼는 것은 신체가 생성하는 면역 반응과 관련이 있다고 합니다.

몸이 아프면 신체는 상처를 치료하기 위해 염증을 생성하거나 박테리아나 바이러스와 같은 생존 위협에 대응합니다. 그러나 이러한 반응의 결과 중 하나는 우리의 뇌와 신체를 둔화시켜 피곤함, 무기력증을 유발합니다. 즉 우리가 슬픔으로 개념화하는 감정을 유발할 수 있다는 의미이지요. 진화론적 사고에 따르면, 무기력은 휴식과 회복을 가능케 할 뿐만 아니라 주변 사람들에게 도움이 필요하다는 신호를 보내고 혹은 무리에서 떨어져 전염 확산을 줄이는 데에도 도움이 되었다고 합니다. 만성 스트레스 역시 비슷한 면역 반응을 일으켜 번아웃, 탈진 또는 기분 저하의 반응으로 표출되기도 합니다.

따라서 슬픔은 유익한 구실을 합니다. 슬픔을 우리 삶에 받아들이고 슬퍼할 여유를 주는 것이 우리에게 도움이 되는 것이지요. 슬픔에 대한 우리의 믿음에 따라 슬픔에 어떻게 반응하느냐에 따라 슬픔을 극복하는 데 도움이 될 수도 있고 더 힘들게 만들 수도 있습니다. 슬픔을 감추면, 주변 사람들에게 내가 도움이 필요하다는 사실을 숨기는 것과 같습니다. 롤러코스터가 여전히 원활하게 굴러가는 것처럼 행동한다면 사람들은 롤러코스터를 고치는 데 도움을 줄 수 없습니다. 슬픔을 다루는 우리의 반응은 종종 슬픔 자체의 영향력에 의해 발생합니다. 문제에 주의를 기울이고 문제를 해결하기 위해 생기는 끊임없는 고민이나 부정적인 생각의 꼬리물기가 반대로 우리를 얽고, 슬픔에서 벗어나기 어렵게 만듭니다. 이러한 생각은 기분의 결과값이지만 우리는 그런 감정을 느끼는 자신을 자책하며 슬픔에 더 깊이 빠져들게 됩니다. 우리의 뇌는 문제에 집착하게 되고, 유연성과 새로운 학습이 감소하기 때문에 슬픔의 터널에서 벗어날 방법을 찾을 수 없습니다. 우리의 미래 예측은 기분에 영향을 받고, 우리는 즐기지 못할 것으로 예측하여 슬픔에서 벗어나는 걸 포기해버림으로써, 기분에 더 커다란 영향을 줍니다. 슬픔이 만들어내는 바로 이후의 과정이 우리를 슬픔의 터널로 더 밀어 넣을 수 있으며, 때로는 희망이 사라지고 빠져나올 방법이 보이지 않는 블랙홀로 안내하기도 합니다. 이러한 블랙홀에 빠져 있다면 전문가의 도움이 필요합니다. 우울증이 걱정된다면 의료 전문가와 상의하여 가능한 지원이나 치료에 대해 상담받는 것이 좋습니다.

다음의 감정 연습은 롤러코스터를 타는 동안 슬픔을 극복하는 데 도움이 되도록 고안되었습니다. 연습을 하다보면 슬픔을 고치려는 것이 아니라 슬픔을 활성화하고 최선의 대응 방법을 고려하기 위한 것임을 알 수 있을 거예요.

우울한 초원이나 음울한 하늘 아래, 낙담한 사막을 지날 때 눈을 감고 아무 일도 일어나지 않는 척하면 롤러코스터가 아예 멈출 가능성이 커집니다. 반면 슬픈 감정에 충분한 공간을 주면 감정에 매몰될 가능성이 줄어들고 길을 찾을 확률도 높아집니다.

슬픔에 여유를 주자

슬픔을 억누르려고 애쓰고 있나요? 어떻게 하면 슬픔에 숨 쉴 공간을 주고, 스스로 슬픔을 인식하고, 보고, 이해할 수 있게 할 수 있을까요? 192쪽의 일러스트를 보고 어떻게 해야 슬픔을 인식하고 이해할 수 있을지 생각해 보세요.

한 줄기 작은 빛

감정은 본질적으로 일시적입니다. 기분이 거지 같은 순간에도 예쁜 꽃이나 재미있는 농담에서 기쁨을 얻을 수도 있습니다. 이는 모순이 아니라 끊임없이 변화하고 혼합되는 감정의 본질 그 자체입니다. 다루기 어려운 감정은 긍정적인 감정과 함께 올 때도 있습니다. 하지만 기분이 나쁠 때는 때때로 그 감정 속에서 좋은 점을 발견하고 느낄 수 있도록 스스로에게 여유를 주는 것도 필요합니다. 기쁨, 휴식 또는 웃음의 순간은 힘든 시기를 극복하는 데 중요한 역할을 하며, 슬픔의 터널을 통과할 수 있는 작은 불빛이 되어 줍니다. 고통스러운 시간에는 짧게라도 즐거움을 느낄 수 있는 것, 즉 좋은 점을 찾는데 주의를 기울여 보세요. 정원에 핀 꽃을 보고, 아이들의 웃음소리를 듣고, 햇살 아래서 맛있는 커피를 즐기고, 정원을 잠시 산책해 보세요. 단 몇 분이라도 기분을 좋게 만드는 모든 것에 집중할 수 있도록 하세요. 뇌는 반대하겠지만 작은 의미, 즐거움 또는 휴식을 발견하고 그 속에서 자신을 이끌어줄 빛을 발견할 수 있습니다.

감정 연습 3

마음을 다스리는 라디오 주파수

슬픔을 느끼면 자기 비판적이 되거나 잘못을 찾거나 최악의 시나리오를 보게 될 가능성이 커집니다. 헬렌 러셀Helen Russell은 자신의 저서《How to be Sad(슬픔을 느끼는 법)》에서 이를 "망할 FM 라디오"라 일컬었습니다. 우리는 모두 슬픔을 느낄 때면 "망할 라디오"가 들립니다. 라디오마다 조금씩 다른 음악이 흘러나오는 것인데, 나의 라디오가 언제 "망할" 주파수에 고정되는지를 알아차리면 라디오에서 들리는 말을 그대로 믿어 슬픔의 터널에 깊이 빠지는 게 아니라 감정을 이겨낼 대응 방법을 찾을 수 있을 것입니다.

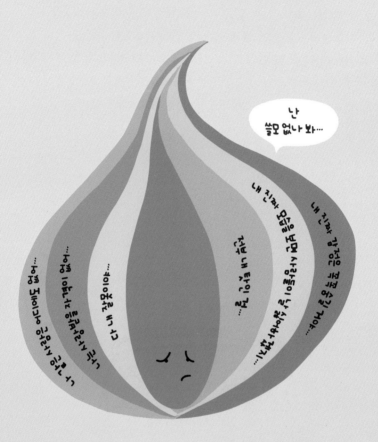

죄책감과
수치심

죄책감과 수치심은 수습이 필요한 잘못을 저질렀을 때, 마땅히 해야 할 일을 하지 않았을 때, 자신이나 타인의 기준이나 기대에 부응하지 못했을 때 나타나는 감정입니다. 죄책감이나 수치심은 우리가 사회적 가치관 안에서 살아가도록 도와주고, 더 넓게는 공동체를 제대로 작동하도록 만드는 감정입니다. 또 감정의 롤러코스터가 궤도를 벗어났을 때 다시 궤도에 오르도록 도와줍니다.

때로는 감정이 고장 난 나침반처럼 잘못된 방향으로 흘러갈 때가 있습니다. 그런 감정을 느낄 이유가 전혀 없는데도 수치심이나 죄책감을 느낄 때가 있습니다. 우리는 자신의 책임이 없는 일에 대해 스스로를 비난합니다. 실제로는 사회가 정한 기준이 개인에게 적합하지 않을 때도 있지만, 이런 경우에도 죄책감을 느낍니다.

아무도 충족하지 못하는 비현실적인 목표를 '해야 할 일'이라 믿고 그 목표를 달성하지 못할 때도 죄책감을 느낍니다. 어떤 일에 수치심을 느꼈다면, 그 일을 자신이 잘못했다고 생각한다거나 '진짜 문제는 나'라는 자책 같은 반박할 수 없는 어려운 감정이 표면 아래에서 자라게 됩니다. 사람들은 비현실적인 기준을 충족하지 못하면 죄책감을 느끼게 하고, 우리는 그 기준을 충족하기 위해 더 열심히 노력하지만 오히려 손해를 보게 되지요.

개인만의 특성으로 학교에서 조롱이나 괴롭힘을 당한 적이 있다면, 본질적으로 문제가 없음에도 불구하고 수치심을 느낄 수 있습니다. 특히 어렸을 때 자기 잘못이 아닌 사건을 내면화하고 자신을 비난한 사람들은 자라면서 마음이 점점 취약해지고 몇 년이 지난 후에도 이에 대해 죄책감이나 수치심을 느낍니다. 학대와 같은 끔찍한 경험이나 부모의 이혼과 같은 어려운 사건들에 조금도 책임이 없지만, 책임이 있다고 느끼기도 합니다. 이러한 감정은 어른이 되어서도, 특히 마음 깊이 숨겼을 때 더욱 번성하고 무럭무럭 자랍니다.

수치심과 죄책감은 종종 당혹감, 굴욕감과 같은 단어와 함께 같은 의미로 사용됩니다. 이를 개념화하는 방식은 사람마다 다를 수 있으며, 그 의미에 관한 생각도 다양합니다.

저는 죄책감과 수치심을 다음과 같이 구분하는 브레네 브라운 박사의 개념화가 도움이 된다고 생각합니다. 브레네 브라운 박사는 죄책감은 무언가 잘못된 행동을 했을 때 "내가 실수했구나, 내가 나쁜 행동을 했구나"라고 느끼는 감정인 반면 수치심은 내가 잘못된 사람으로 보였을 때 "내가 실수했구나, 내가 나쁜 행동을 했구나"라고 느끼는 감정이라고 설명합니다(이 책에서 다루고자 하는 죄책감과 수치심은 이 개념을 바탕으로 진행될 예정입니다).

이따금 우리는 가치관에 부합하지 않거나 다른 사람에게 상처를 주거나, 어떤 행동을 하고 수습하고 싶을 때 양심의 가책을 느끼고 감정을 인식합니다. 죄책감을 느낀다는 것은, 내가 어떤 사람이 되고 싶고 어떻게 행동하고 싶은지 설정해 둔 자신의 행동 강령을 어겼다는 신호일 수 있습니다. 그러나 때로는 우리가 설정한 기대 수준에 의문을 제기할 필요가 있습니다. 내가 잘못해서가 아니라 남들 눈에 내가 잘못을 했다고 생각해서 죄책감을 느낄 때도 있기 때문이지요. 게다가 비현실적인 기대치를 설정하면 죄책감을 너무 자주 느끼게 됩니다. 이는 우리가 유익한 일을 하는 데 방해가 될 수도 있습니다. 예를 들어, 더 많은 일을 해야 한다는 막연한 기대치로 인해 좌절할 경우 죄책감을 느끼거나 (이는 생산성이 중요시되는 문화 때문에 발생하는 상황이기도 합니다) 결국 기대치를 충족시키지 못해 항상 미안하다는 말로 상황을 종료하는 경우, 아니면 그저 그런 기대치를 설정했다는 그 자체만으로 죄책감을 느낄 때도 있습니다. 모든 일을 완벽하게 처리해야 한다는 기대는 지극히 비현실적이고, 실수는 누구나 할 수 있는 것이므로 죄책감을 피할 수 없습니다.

일단 누구의 기대에 부응하기 위해 노력하고 있는지 생각해 볼까요. 육아가 좋은 예입니다. 부모가 되면 때때로 죄책감의 요정이 우리가 무엇을 잘못하고 있는지 끊임없이 알려주는 것처럼 느껴질 때가 있습니다. 육아는 중요한 일이고 누구나 제대로 하려고 노력하기 때문에 부분적으로 이런 죄책감이 도움이 될 때도 있습니다. 하지만 모든 부모가 그렇듯 죄책감은 우리가 잘하고 있을 때, 잘못했지만 배우는 중일 때, 그리고 우리가 하는 모든 일에 나타나 우리를 비난합니다. 사회의 높은 기대치에 따라 부모는 항상 여유롭고, 차분하고, 침착하고, 소리를 지르지 않아야 하며, 항상 아이들과 함께해야 합니다. 이런 식으로 우리의 기대치가 언제 어떻게 설정되었는지를 파악하고 내가 사회적 규칙에 따르고 싶은 건지 아니면 단순히 잘못된 죄책감만 느끼는 건지를 잘 생각해 보아야 합니다.

수치심은 숨겨두면 큰 혼란을 초래하는 교활한 감정입니다. 우리는 부끄러워하는 취약점을 타인에게 공유할수록 나에게 근본적으로 결함이 있고 다른 사람들과 다르다는 것을 도장 찍는 것이라 여깁니다. 그런 이유로 수치심은 숨길수록 커집니다. 자신이 사랑받을 자격이 없거나, 성공할 자격이 없거나, 지금 하는 일에 충분하지 않다고 느끼는 순간 수치심을 느낄 수도 있지요.

수치심이 본질적으로 나쁜 것은 아니지만, 우리는 부끄러워할 만한 것이 무엇인지 인식하고 행동을 바꾸려고 노력해야 합니다. 이 과정을 거치면 수치심은 우리의 삶과 주변 사람들의 삶을 개선하는 감정이 될 수 있습니다. 정당한 수치심에 직면하는 것은 우리의 행동과 행동에 대한 책임을 지는 데 도움이 되지만 매우 어려운 일입니다. 내면을 들여다보고 마음에 들지 않는 것을 발견하면 자연스럽게 그것을 피하고 숨기고 싶어지기 때문에 공격성, 타인 비난, 중독 또는 정신 건강 문제로 이어질 수 있으니까요.

하지만 종종 수치심은 내가 책임져야 하는 일이 아님에도, 내가 겪은 경험이나 타인의 말 때문에 내게 책임이 있다고 여겨지는 순간 떠오르는 생각에 따라 발생하기도 합니다. 가령 학대나 괴롭힘을 당했을 때, 우리는 그것을 내면화하고 궁극적으로는 내 책임으로 만들어 수치심을 느끼고 숨기는 경우가 많습니다. 이러한 수치심을 드러내고 그 책임이 어디에 있는지 살펴보기 위해서는 치료가 필요한 경우가 많습니다. 또한 수치심은 죄책감을 유발하는 것과 같은 사회적 기대, 즉 최고의 엄마, 아빠, 직장인, 아내가 되어야 한다는 기대감, 혹은 내 집 마련의 꿈을 꼭 이뤄야 한다는 기대치 따위로 유발되기도 하지요.

궁극적으로 수치심은 대게 우리의 자존감과 관련이 있습니다. 우리는 특정한 방식으로 행동해야 한다고 생각하며, 그렇지 않을 때 스스로 무언가 잘못되었다고 말하며 자신의 취약성을 숨기고 결점을 감추고 싶어 합니다. 모두가 완벽한 가정이나 인간관계, 끊임없는 성취와 같이 연약한 것에서 가치를 추구할 수 있습니다. 그러나 이러한 것들은 얻을 수 없는 이상이나 사소한 것에 변할 가능성이 큰 것들이지요. 그리고 실제로 성취하지 못하면 기분이 수직으로 하락하기 쉽지요.

수치심은 본질적으로 정신 건강과 관련이 있습니다. 우리는 기분이 나쁘거나 슬프거나 걱정할 때 수치심을 느끼며, 이러한 수치심은 더욱 어려운 감정을 만들어내고 정신 건강 악화의 원인이 됩니다. 이는 1장에서 이야기한 감정에 대한 오해, 즉 항상 기분이 좋아야 한다는 생각과도 연결됩니다. 하지만 이는 틀린 사실입니다. 우리는 모두 살면서 항상 어려운 감정을 경험하며, 이에 따라 정신 건강이 악화되는 경험을 하기도 합니다. 따라서 정신 건강을 개선하는 데 있어 중요한 부분은 수치심을 드러내고, 공유하고, 다른 사람들이 공감하도록 함으로써 사람들이 느끼는 수치심을 줄이는 것입니다.

수치심을 내면에서 외부로 끌어내면 그런 감정은 줄어들고, 자기 잘못이 없음을 인식하고, 자신이 다르지 않다는 것을 깨닫고, 스스로를 검증하는 집단적 경험을 발견할 수 있습니다.

수치심이 강하거나 매우 힘든 경험을 한 적이 있다면, 처음에는 안전한 임상 치료를 통해 이를 용감하게 직면하는 시도를 해보는 것이 좋습니다.

 감정 연습 1

수치심의 층을 벗겨내기

이 연습은 스스로 어떤 기대치를 설정하는지, 책임을 어디에 두는지를 살펴보면서 여러 겹의 수치심을 벗겨내고 수치심의 핵심을 파악하는 연습입니다. 다음 일러스트를 참고해 더 자세히 생각해 보세요.

연약하고 안정적인 자존감

수치심은 본질적으로 우리 자신과 자존감을 바라보는 방식과 관련이 있습니다. 자존감은 자신이 내재적 가치를 지니고 있음을 이해하고 외부의 기대보다는 자신의 가치에 따라 살아가는 것입니다. 다음 일러스트를 보고 자존감을 어디에서 얻는지, 그리고 이를 단단하고 안정적인 방향으로 연결하여 더 커다란 자존감을 얻을 방법이 있는지 생각해 보세요.

감정 연습 3

죄책감 또는 해방감

죄책감을 느낄 때 다음 일러스트를 사용하여 죄책감이 정당한 것인지, 잘못된 죄책감인지, 이러한 상황에서 도움을 줄 방법은 무엇인지 생각해 보세요.

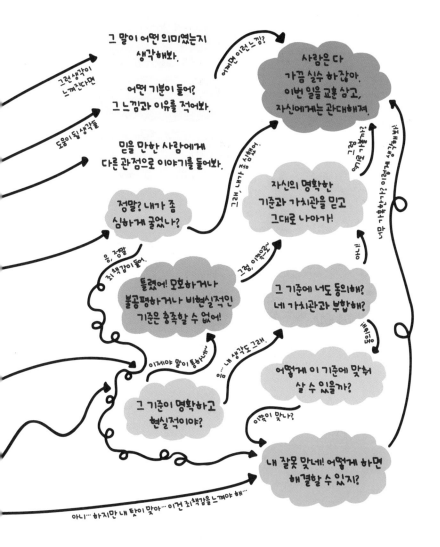

그 말이 어떤 의미였는지
생각해봐.

어쩌면 이런 느낌?

어떤 기분이 들어?
그 느낌과 이유를 적어봐.

그런 생각이
느껴진다면

도움이 될 생각들

믿을 만한 사람에게
다른 관점으로 이야기를 들어봐.

사람은 다
가끔 실수 하잖아.
이번 일을 교훈 삼고,
자신에게는 관대해져.

어쩌면 네가 좀 심했어.

자책감이 들어.

관대하게 대해.

맞아 내가 너무 엄격하게 대했는지도 몰라.

정말? 내가 좀
심하게 굴었나?

자신의 명확한
기준과 가치관을 믿고
그대로 나아가!

응, 정말.

자책감이 들어.

그럼, 이쪽으로

틀렸어! 모호하거나
불공평하거나 비현실적인
기준은 충족할 수 없어!

그 기준에 너도 동의해?
네 가치관과 부합해?

부합해

이제야 말이 통하네~

음… 내 생각도 그래.

어떻게 이 기준에 맞춰
살 수 있을까?

그 기준이 명확하고
현실적이야?

이쪽이 맞나?

내 잘못 맞네! 어떻게 하면
해결할 수 있지?

아니… 하지만 내 탓이 맞아… 이건 죄책감을 느껴야 해…

213

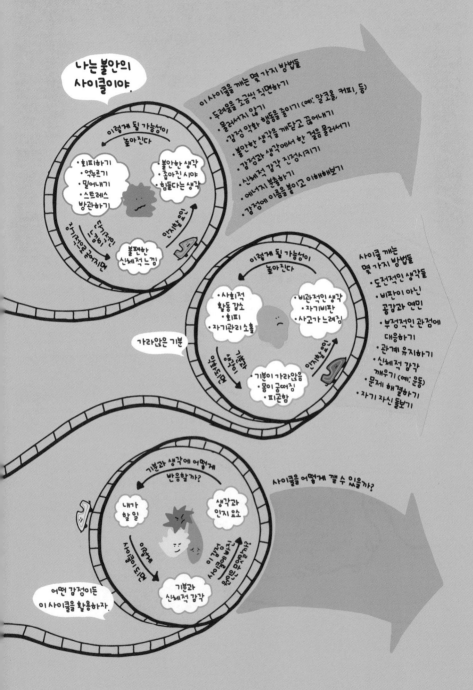

6장
감정을 새로운 경로로 안내하는 방법

지금까지 우리는 인생에서 경험할 수 있는 수많은 감정 중 일부를 여행하며 그 감정에 대해 더 이해하는 롤러코스터를 타보았습니다. 하지만 아직 긴장을 풀긴 일러요. 이제 마지막 구간을 향해 달려가야 할 때입니다. 마지막장은 감정에 대한 도움이 되지 않는 패턴을 어떻게 깨뜨릴 수 있는지 살펴보고, 몇 가지 혼란스러운 회전 구간과 마지막 승강장으로의 여정을 담았습니다. 또 몇 차례 교차점에서 잠깐 열차를 멈추고 어떻게 하면 이전과 다른 궤적을 그리며 미래의 롤러코스터에서 우리가 원하는 감정을 더 많이 만들어낼 수 있을지 살펴보는 시간도 가질 것입니다. 또한 때때로 갇혀버릴 없이 고설킨 회전 구간에서 벗어날 방법도 함께요. 이를 위해서는 감정 패턴을 만들거나 깨는 법을 알아내는 게 중요합니다. 물론 이 과정이 결코 쉽다는 보장은 없습니다. 감정을 진정시키고, 탐색하고, 생성하기 위한 새로운 기술과 대응법을 배워야 합니다. 우리는 롤러코스터가 달릴 새로운 트랙을 만들고 있으며, 여기에는 시간과 에너지, 인내가 필요합니다. 하지만 이러한 트랙을 만들다 보면 감정이 여러분의 인생에 도움이 되는 동반자라는 것을 확실히 알게 될 것입니다.

좋은 감정은 지속하고,
나쁜 감정은 내보내는 법

땡땡땡, 도착! 새로운 것을 경험할 준비를 마쳐보겠습니다! 우리
는 이제 감정 롤러코스터를 타고 사람들이 덜 다니는 길을 가거
나, 우회로를 택하거나, 심지어 미래에 여행할 새로운 길을 마련하
고자 합니다. 새로운 경로를 뚫고 우회하려면 이미 널리 알려진
길에서 벗어나 새로운 예측을 해야 하므로 당연히 더욱더 큰 노력
을 기울여야 합니다. 뇌 역시 노력이 필요합니다. 처음에는 분명
힘들겠지만, 점차 익숙해지면서 쉬워지고, 결국에는 조건반사처럼
당연한 순간이 찾아올 것입니다. 감정 패턴을 만들고 부수는 건
쉽고 매끄러운 습관에서 벗어나는 것을 의미하기 때문에 당연히
신체 예산도 훨씬 많이 들 것입니다. 이 장에서 우리는 감정 패턴
을 만드는 것(기분 좋은 감정을 일과에 포함시키는 것)과 감정 패턴을

부수는 것(도움이 되지 않는 반복적인 패턴을 살펴보는 것)에 초점을 맞추고자 합니다.

감정은 롤러코스터에서 새로운 경로를 선택하는 작업의 핵심입니다. 길을 잘못 들었거나 의도한 대로 되지 않았을 때 자책하면 기분이 나빠지고, 뇌는 이 불편한 감정을 우리가 하는 일과 연관시켜 이 길이 아니라고 우리를 고뇌에 빠뜨릴 것입니다. 우리는 포기하거나 원래의 경로로 돌아갈 가능성이 커지며, 아이러니하게도 기분이 좋아지려고 할 때 기분이 나빠지는 결과를 초래하게 됩니다.

모든 롤러코스터는 필연적으로 의도한 코스에서 벗어날 수밖에 없는데, 그것이 바로 인생입니다. 원하는 궤도로 돌아가기 위해서는 지원이 필요합니다. 예를 들어 눈앞에 수 많은 관중이 있고 그들에게 영향을 받는다고 생각해 보세요. 만약 관중이 당신을 꾸짖고 야유한다면 계속 노력을 기울일 수 있을까요(우리는 때때로 부정적인 자기 대화나 압박이 나를 밀어붙인다고 생각하지만, 연구에 따르면 관중의 야유는 장기적으로 나를 쓸모없는 사람처럼 느끼게 하고 의욕을 떨어뜨립니다)?

감정 패턴을 만들고 깨뜨리기 위해서는 내면의 목소리든 주변 사람들(혹은 둘 다)이든 많은 치어리더의 도움을 받아야 합니다. 이

치어리더들은 우리에게 항상 환상적인 결과를 기대하는 것도 아니고, 다른 사람들과 마찬가지로 제대로 해내지 못할 상황이 찾아올 수도 있다는 점을 늘 염두에 두고 우리를 응원합니다. 체력이 부족하거나 뇌에 과부하가 걸렸을 때, 피곤하거나 스트레스를 받거나 압박당하거나 기분이 좋지 않을 때는 익숙하지만 도움이 되지 않는 기존의 궤도로 돌아갈 가능성이 높습니다. 이때 치어리더는 무엇이 잘못되었는지에 초점을 맞추는 대신, 왜 그런 일이 발생하는지(가능하면) 이해하고, 그것 역시 정상이며 그로 인해 배울 수 있는 것이 있는지를 돌아보도록 나를 응원합니다. 또 일이 잘 풀리지 않을 때는 나를 비난하거나 죄책감을 내면화하는 대신("전부 네 잘못이고, 일이 결코 잘 풀리지 않을 거야!"), 친절하고 다정한 태도로 몇몇 부정적인 군중이 나에게 쏟아붓는 비난이나 부정적인 목소리를 연민을 담아 전달할 것입니다. 이렇게 나를 지지하는 치어리더의 목소리가 더 커야 합니다. 그러므로 변화를 주기 전, 내가 어떤 응원의 목소리를 원하고 있는지부터 차근차근 생각해보세요. 스스로에게 하고 싶은 말을 시작으로, 내가 계획하고 있는 새로운 길에 도움을 줄 수 있는 응원단이 누구인지 생각해보세요. 나를 응원하는 목소리가 있다는 걸 아는 순간, 모든 건 이루기 훨씬 쉽게 느껴질 것입니다.

감정의 궤도를 바꾸는 아주 작은 습관들

우리는 종종 새로운 것을 통해 긍정적인 감정을 끌어내고 긍정적인 영향을 미치는 감정을 찾고자 합니다. 이를 위해서는 전면적인 점검과 대대적인 우회법 또는 완전히 새로운 길이 필요합니다. 그러나 처음에는 기존의 롤러코스터 방향을 아주 사소하게 조정하는 편이 더 좋습니다. 예를 들면 짧은 휴식, 가벼운 산책, 건강한 아침 식사, 물 한 잔 더 마시기, 휴식 시간, 기쁨과 경외감의 순간 경험하기 등 일상의 작은 일들로 몸의 예산을 관리하고 기분을 좋게 만들며, 기분 좋은 감정을 위한 재료로 사용하세요. 이러한 일상적인 변화는 엄청나게 쉬워 보이지만, 거창한 계획을 세워 실천하는 것보다 장기적인 변화로 이어질 가능성이 더 높습니다. 왜 그럴까요? 모든 것은 감정으로 귀결됩니다. 사소한 변화일수록 달성 가능성이 훨씬 크다고 느끼기 때문에 시작도 쉽고, 일단 기분 좋은 변화를 시작하면 계속 지속할 가능성도 훨씬 커지기 때문입니다. 이렇게 느끼는 성취감이 본질적으로 보람을 주며, 나 자신이 계속해서 더욱 많은 시도를 하게 하는 원동력이 됩니다. 그러므로 나의 기분과 감정에 장기적인 영향을 주고 싶다면, 감정의 궤도를 아주 조금만 비틀고 그 힘을 진심으로 믿기만 하면 됩니다.

연구에 따르면 감정은 작은 변화에도 감정의 궤도가 변화하기 때문에 계속 나아갈 수 있다고 합니다. 궤도를 벗어난 것을 자책하기보다 (롤러코스터는 직선으로 달리는 경우가 거의 없으므로) 내가 성취한 것을 칭찬하며 긍정적인 감정으로 바꾸는 것이 중요합니다. 또 최종 목표를 향해 먼 곳을 바라보는 대신 여정에서 기분 좋은 짧은 순간에 집중해보세요. 목적지보다는 롤러코스터에 탑승한 순간 그 자체를 즐기는 것입니다. 긍정적인 방식으로 진행 상황을 기록하고, 작은 성취라도 축하하면 내가 해낸 일에 집중할 수 있습니다. 또한 다른 사람들과 함께 활동하거나 진행 상황을 기록하면 더욱 긍정적인 자극을 받을 수도 있습니다. 예를 들어, 걷는 동안 친구를 만나거나 운동하면서 음악을 듣는 등 좋아하는 일을 더하면 기분이 두 배로 좋아집니다.

좋은 감정을 관리하기 위한 긍정적인 시도는 감정에 좋은 습관을 형성하는 데도 도움이 됩니다. 회의가 끝날 때마다 물을 마시거나 점심시간에 친구를 만나 잠시 휴식을 취하도록 자신을 독려해보세요. 계획을 세우는 것도 도움이 됩니다. 휴식 시간과 기분을 좋게 하는 활동을 한 번 계획해보세요. 단순하고 명확해 실천 가능성이 높은 계획일 수록 더욱 좋습니다.

 감정 연습 1

작은 변화로 삶의 궤도 바꾸기

하루를 기분 좋은 감정으로 채우는 데 사용할 수 있는 작은 변화에 대해 생각해 볼까요? 사소한 변화는 미미해 보일 수 있지만, 시간이 지나면 완전히 다른 궤도로 나아갈 수 있습니다. 롤러코스터의 궤도를 바꾸기 위해 어떤 사소한 계획을 추가할 수 있을까요?

 감정 연습 2

나를 응원해주는 치어리더

다음 일러스트를 사용해 사람들이 나에게 어떤 말을 해주기를 바라는지, 긍정적인 변화를 일으키고 의도한 경로를 벗어났을 때 연민의 목소리로 나를 북돋아 줄 수 있는지를 생각해 보세요. 비판적인 내면의 목소리가 커질 때면 나를 응원해주는 치어리더의 목소리를 떠올리세요.

감정 패턴 부수기

새로운 경로를 구축하는 것도 감정을 돌보는 일의 일부이지만, 굳어진 옛 경로와 패턴을 깨는 것도 또 다른 방법입니다. 우리 뇌는 다음에 일어날 일을 자동으로 예측하고 그에 따라 자동으로 반응하기 때문에, 감정의 궤적은 습관처럼 굳어져 있습니다. 그로 인하여 뇌는 탐색하기 어려운 얽히고설킨 회전 구간에 갇혀버리기도 합니다. 종종 이러한 패턴은 한때 나에게 도움이 되었거나 원활한 감각을 불러일으키던 오래된 패턴일 가능성이 있습니다. 어렸을 때 나를 안전하게 지키기 위해 만든 패턴, 가족 내에 문제를 일으키지 않고 내 갈등을 피하는 방법으로 익힌 패턴, 어른이 되어서도 분노나 갈등을 회피하는 행동으로 굳어져 버린 패턴일 가능성이 큽니다. 즉, 이러한 감정에 갇혀서 새로운 문제를 해결하거나 앞으로 나아가지 못한다는 뜻이지요. 어릴 때는 모든 일을 완벽하게 처리하고 잘못한 일이 없는 착한 아이가 되기 위해 불안에 대처하는 법을 익혔는데, 완벽하게 나를 감추고 유지하다 보니 어른이 된 후에는 해결되는 것보다 더 많은 불안이 쌓이고, 스트레스를 축적하고 결국은 신체 예산을 소모하는 방법으로 감정을 해소하지 못한 탓입니다. 이렇게 우리는 모두 패턴을 가지고 있으며, 패턴은 자동적이고 습관적이기 때문에 벗어나기 어렵습니다. 우리 뇌의 예측은 우리가 그렇게 하고 있다는 것을 인식하기도 전에 예전의 익숙한 경로를 따라 움직이니까요.

특정 감정이 본질적으로 반복되는 고리에 갇혀버리는 때도 있습니다. 기분이 나빠지는 순간을 회피해버림으로써 불안을 관리하는 방법을 익힌 경우, 단기적으로는 안도감을 주지만 장기적으로는 불편함을 초래합니다. 기분이 우울하면 자신을 지키기 위해 몸을 움츠리지만 궁극적으로는 기분이 더 나빠지는 결과를 초래합니다. 스스로 안전하다고 느끼지만 어떤 상황에서는 정반대의 효과를 얻으며 기분이 더 나빠지는 패턴에 빠지기 쉽습니다.

평소와 다른 행동을 취하기 시작하면 감정은 힘들어지고 신체 예산은 평소보다 많이 소모되어 고갈되기 쉽습니다. 당연히 뇌는 오래된 패턴을 깨거나 새로운 패턴을 만드는 데 어려움을 겪습니다. 따라서 패턴을 깨고자 할 때는 감정적으로 요령을 부리며 계속 같은 궤도에 머무르는 인내심을 갖고 조금씩 움직여야 합니다.

처음에는 한 방향을 따라 멈출 수 없는 추진력으로 롤러코스터가 움직인다고 느껴질 수도 있어요. 하지만 잠깐 멈추어 서서 감정에 대한 나의 반응을 바꾸면 바꿀수록, 이다음 감정이 일어났을 때 다른 선택지를 가리키는 선로가 늘어나고, 이렇게 다른 트랙으로 벗어날 수 있습니다.

처음에는 한 번도 가지 않은 길이라 풀이 무성하고 운전이 어렵겠지만, 더 많이 더 자주 갈수록 뇌가 이 궤도를 올바른 경로라고 예측할 가능성이 커지므로 나중에는 훨씬 더 부드럽고 쉽게 운행할 수 있습니다.

감정 궤도 변화의 첫 번째는 감정이 일어나고 있다는 사실을 인식하는 것입니다. 자각이야말로 궤도에서 속도를 늦추는 신호 역할을 합니다. 따라서 잠깐 멈추어 생각하고 대응 방식에 대한 선택권을 갖고, 습관적인 경로에서 벗어나 나에게 훨씬 더 도움이 되는 경로를 선택할 수 있을 것입니다.

다음 감정 연습은 속도를 늦추고 감정과 반응 사이에 공간을 만드는 것은 물론, 자신의 패턴을 파악하고 작지만 효과적인 변화를 통해 패턴을 깨고 새로운 길을 개척하는 데 도움이 될 것입니다.

롤러코스터에 접목하는 명상

이번 연습은 심리학자 타라 브랙Tara Brach의 RAIN(연민을 훈련하는 법으로 인지하기, 인정하기, 살펴보기, 보살피기라는 네 단계의 철자를 딴 명상법-옮긴이) 명상법을 기반으로 감정에 대한 이해를 높이고 감정에서 한 발짝 물러나 원하는 곳으로 방향 전환을 하는 것이 목표입니다. 감정을 이해하고 인정하고 살펴보고 보살피는 명상법을 통해 내면에 무슨 일이 벌어지고 있는지를 파악하고 이제 어떤 감정을 느끼고 싶은지 유도하는 좋은 방법이 될 것입니다. 216쪽의 일러스트를 사용하여 롤러코스터의 속도를 늦추고 마음을 가라앉히는 법을 생각해 보세요.

회전 구간에서 벗어나기

　지금 어떤 감정의 회전 구간, 소용돌이에 갇혀 있나요? 214쪽 일러스트에는 불안과 우울한 기분을 기반으로 한 특수 회전 구간이 그려져 있습니다. 우리가 어려움을 겪는 감정을 이 일러스트로 풀어낼 수도 있을 거예요. 자신이 현재 갇혀 있는 패턴 몇 가지와 다음에 그러한 감정을 경험할 때 다른 경로를 만들 수 있는 사소한 방법이 무엇인지를 나열해보세요. 기분이 괜찮을 때 반복되는 패턴을 발견하면 새로운 경로를 계획하기가 더 쉽습니다. 다시 그 감정을 느끼고 있다는 사실을 인지하게 되면, 뇌가 갇히지 않고 새로운 경로를 택하도록 유도할 수 있습니다.

계속 돌고 도는 감정의 롤러코스터

체크무늬 깃발이 눈에 들어오고 승강장에 다다랐습니다. 정말 감동의 여정이었어요. 쿠키를 굽고, 나쁜 감정이 존재하지 않는 나라로 여행을 떠나고, 수십 번의 회전 구간을 돌고 또 돌고, 미래를 예측하고 역사 속 시간 여행을 거치고 뇌에서 도마뱀을 쫓아냈으며 심지어 과거의 신념을 버리기도 했습니다. 우리의 감정은 롤러코스터를 타는 동안 끊임없이 우리 곁을 지켰고, 부정적이라는 이유로 버려지거나 거절당하지 않았으며 그 자리에 있다는 걸 인정받았고, 확인했고, 이해받고, 선택받고, 공간과 이름표를 얻었고, 보살핌을 받고, 탐색하는 데 사용되었습니다.

이 책을 통해 함께한 우리의 여정은 여기서 끝나지만, 여러분 각자의 여정은 이제 첫걸음을 떼었습니다. 이제 감정을 삶의 중심이자 피할 수 없는 부분으로 받아들이고 앞으로 어떻게 나아가려

하나요? 아마 이제 여러분은 감정을 원치 않는 일상의 방해물이 아닌 의미 있는 데이터로 다르게 바라볼 것입니다. 감정이 나타날 때 긴장감으로 어깨를 들썩이거나, 기대감으로 머리가 어지러워지거나, 평온함을 느끼는 등, 감정을 더 잘 알아차리게 될지도 모릅니다. 어쩌면 감정을 동반자로 받아들여 삶이라는 여행 내내 함께 하는 친구로 여길지도 모릅니다. 제가 소개한 감정 어휘 수집을 취미로 받아들여 자신만의 컬렉션을 만들 수도 있고, 감정의 개념을 확장하고 감정이 발생할 때마다 무슨 일이 일어나는지를 파악하기 위해 두뇌의 예측과 이해를 미세하게 조정하는 능력을 갖추게 될지도 모르겠습니다. 어떤 일을 하든, 이제 우리는 감정의 전문성을 키워 미래의 롤러코스터에서 감정을 적절한 위치에 배치하고 자신만의 궤도를 탐색하고 구축할 수 있을 것입니다. 그러나 주의할 것이 있습니다. 뇌는 필연적으로 습관적인 경로로 되돌아 갈 수밖에 없으므로, 감정 롤러코스터(18쪽 참조)를 계속 참고하여 감정이 떠오를 때면 이 책에서 배운 것을 떠올리며 감정을 이해하고, 감정에 대응하고, 감정을 탐색하세요.

우리는 또한 우리의 말과 행동을 통해 다른 사람과 감정을 만들어내고, 다른 사람의 감정을 예측하고 이해하려고 노력함으로써 다른 사람의 감정을 구성하기도 합니다. 우리의 롤러코스터는 우리와 연결된 사람들을 지지하고 그들이 우울할 때 그들을 위로해주거나 그들이 흥분할 때 억제하고 진정시키는 능력을 갖추게 될 것입니다. 우리의 말은 타인에게 정서적 손상을 주거나 정서적 고통을 치유할 힘을 갖고 있습니다. 우리의 행동은 다른 사람에게 어떤 감정을 주거나 상하게 할 수도 있습니다. 우리의 감정은 이렇게 서로 교차하며 얽히고설킨 패턴으로 좀처럼 풀어내기 쉽지 않을지도 모릅니다. 우리와 타인 간의 감정의 상호작용은 또한 우리로 하여금 타인에게 미치는 영향의 책임을 부여하기도 합니다.

직장에서나 가족이나 친구들과의 일상생활에서 느끼는 감정에 대해 함께 토론하면서 감정을 억누르거나 무시하는 대신, 감정을 함께 상호작용의 주제로 두면 우리 모두에게 유용합니다. (직장, 학교, 대학, 공용 공간 등) 전통적으로 감정을 인정하지 않는 환경에서도 서로 간의 감정을 이해하고 인식할 수 있다면 까다로운 상황에 대처하고, 더 나은 문화를 만들고 문제를 이해하고 파악하고, 해결책을 찾는 데에도 도움이 됩니다. 감정에 공간과 시간을 주면 어떤 상황에서도 일의 효율과 배움이 늘어나고, 함께 소속감을 느끼고 더 잘 살아갈 수 있으며 당연히 기분도 좋아진다는 연구 결과도 있었습니다.

감정에 대한 우리의 지식은 미래 세대에 대한 책임감과도 관련이 있습니다. 아이들이 감정을 배우고 말하는 방식은 예전과는 많이 달라졌습니다. 매우 긍정적인 변화입니다. 벌을 주거나 피드백을 최소화하지 않으면서도 아이들이 자신의 감정을 표현할 수 있도록 가르친다면 아이들이 앞으로 인생을 살아가면서 자신과 자신의 필요를 이해하는 데 도움이 될 테니까요. 감정 어휘를 만들면 이러한 이해를 돕고 더 세밀하고 정밀한 예측을 거치며 아이들을 이끌 수 있을 겁니다. 감정을 받아들이고 수용하는 공간을 만든다면, 아이들은 순간 기분이 나쁘더라도 극복할 수 있다는 자신감을 느끼게 되고, 앞으로 똑같은 기분이 들 때 어떻게 대처해야 하는지를 배울 수도 있을 겁니다. 이 모든 것이 아이들에게 자신의 감정을 포용하고 헤쳐 나갈 수 있는 패턴을 만드는 데 도움이 될 것입니다. 이에 대해 더 자세히 알아보고 싶다면 참고 문헌에 (236쪽 참조) 여러 목록을 기재해 두었으니 참고해보세요.

저는 이 책을 집필하면서 많은 감정을 경험했습니다. 이 책을 읽는 여러분 역시도 많은 감정을 경험했기를 바랍니다. 저의 경우, 어떤 감정은 책 자체를 향한 감정이기도 했지만 대부분은 롤러코스터를 타며 겪은 것들이었습니다. 십 대 시절부터 먼 길을 돌아오면서, 제가 심리학 이론을 삶에 적용하고 제 감정에 대응해왔지만, 제 방식이 매번 맞는 모범적인 사례는 아닙니다.

우리는 모두 자신도 모르는 사이에 삶의 압박을 받습니다. 우리는 모두 감정적인 두뇌로 삶을 살아가며 기복을 헤쳐 나가려고 노력하고, 언제나 옳은 방향은 아니더라도 늘 최선을 다하고 있습니다. 좌절하거나 압박감을 받거나, 짜증 나는 감정이 들 수밖에 없는 우리, 그런데도 감정은 늘 필요하고 또 피할 수 없는 것입니다. 감정은 선택 사항도 아니고, 짜증 나는 손님도 아닙니다. 감정은 부드럽고 폭신하지도 않으며, 인간에게만 과잉 진화된 특성도 아닙니다. 그러니 우리의 감정에 이제는 합당한 지위를 부여하고, 감정에 자리를 만들어주는 건 어떨까요. 결국 감정은 인간이라면 누구나 느끼는 인간의 삶에 가장 중요한 핵심이니까요.

감사의 말

이 책을 쓰면서 정말 많은 감정을 느꼈습니다.
도움을 주신 모든 분들께 감사드립니다.

출판사 그린핀치Greenfinch books의 편집자 줄리아와 케리가 내어준
시간과 의견 그리고 인내심에 감사드립니다.

자신감을 북돋아 준 엘라와 지니, 리폰, 케이티와 퀘커스 팀Quercus team의
도움이 없었다면 이 책은 세상에 나오지 못했을 겁니다.

제 이야기를 경청해 준 프레이저, 이비,
그리고 스튜어트에게 고맙습니다.

저 스스로 의심이 들 때마다 '망할 라디오' 볼륨을 줄여준 로나와 수잔.
그리고 키스, 홍보팀의 더글라스와 윌마에게도 인사를 전합니다.

할머니와 할아버지, 헨리와 윌리엄. 유난히 화창했던 스코틀랜드
하이랜드의 휴일을 함께 보낸 우리 식구들, 고맙습니다.
70세 생신도 축하드려요.

마지막으로 이 책에 영감을 준 엠마와 제니 S, 그리고 이 책을
함께 고민해 주고 세상에 나오게 도와준 미트로프에게도
고맙다는 인사를 보냅니다.

참고 문헌

이 책에서 다루는 내용을 더 자세하게 알고 싶다면 다음 참고 자료들을 확인해보세요.

감정 단어 수집 출처
Koenig, John, The Dictionary of Obscure Sorrows, Simon & Schuster, 2022
www.dictionaryofobscuresorrows.com

1장. 감정의 이해

Damasio, Antonio, The Feeling Of What Happens: Body and Emotion in the Making of Consciousness, Mariner Books, 2000
Cesario, J., Johnson, D.J., & Eisthen, H.L., 'Your brain is not an onion with a tiny reptile inside', Current Directions in Psychological Science, 29(3), 255.260, 2020
Mlodinow, Leonard, Emotional: The New Thinking About Feelings, Penguin, 2022
Beck, Julie, 'Hard Feelings: Science's Struggle to Define Emotions', The Atlantic, 24 February 2015
Kleinginna, P.R. & Kleinginna, A.M., 'A categorized list of emotion definitions, with suggestions for a consensual definition', Motivation and Emotions, 5(4), 345.379, 1981
Dixon, T., '"Emotion": The history of a keyword in crisis', Emotion Review, 4(4), 338.344, 2012
Darwin, Charles, The Expression of the Emotions in Man and Animals, John Murray, 1872
Sagan, C., The Dragons of Eden: Speculations on the Evolution of Human Intelligence, Random House, 1977
Ekman, P., 'An argument for basic emotions', Cognition and Emotion, 6(3.4), 169.200, 1992
Lisa Feldman Barrett's page and research: https://lisafeldmanbarrett.com
Barrett, L.F., 'The theory of constructed emotion: an active inference account of interoception and categorization', Social Cognitive and Affective Neuroscience, 12(1), 1.23, 2017
Barrett, Lisa Feldman, How Emotions Are Made: The Secret Life of the Brain, Pan Books, 2018 Barrett, Lisa Feldman, Seven and a Half Lessons About the Brain, Picador, 2021

2장. 감정마다 다르게 반응하는 이유

Therapy for Real Life podcast, 'Understanding the Body Budget with Lisa Feldman Barrett'

https://anchor.fm/therapy-for-real-life/episodes/Understand-ing-The-Body-Budget-with-Lisa-Feldman-Barrett—PhD-eljs7a

Chao, R.C-L., 'Managing stress and maintaining well-being: Social support, prob-lem-focused coping, and avoidant coping', Journal of Counseling & Develop-ment, 89(3), 338.348, 2011

Elliott, R., Rubinsztein, J., Sahakian, B., & Dolan, R., 'The neural basis of mood-congruent processing biases in depression', Archives of General Psychi-atry, 59(7), 597.604, 2002

For acceptance and commitment exercises on unhooking from thoughts, see Dr. Russ Harris' website, https://thehappinessstrap.com

Tseng, J. & Poppenk, J., 'Brain meta-state transitions demarcate thoughts across task contexts exposing the mental noise of trait neuroticism', Nature Communications, 11, 3480, 2020

3장. 감정에 반응하는 법

David, Susan, Emotional Agility: Get Unstuck, Embrace Change and Thrive in Work and Life, Avery Publishing Group, 2016

Cameron, L.D. & Overall, N.C., 'Suppression and expression as distinct emo-tion-regulation processes in daily interactions: Longitudinal and meta-analyses', Emotion, 18(4), 465.480, 2018

Posner J., Russell J.A., & Peterson B.S., 'The circumplex model of affect: an inte-grative approach to affective neuroscience, cognitive development, and psy-chopathology', Development and Psychopathology, 17(3), 715.34, 2005

Dr. Laurie Santos' podcast, The Happiness Lab, with Brene Brown's quote: www.pushkin.fm/podcasts/the-happiness-lab-with-dr-laurie-santos/reset-your-rela-tionship-with-negative-emotionsin-2022

Tan, T.Y., Wachsmuth, L. & Tugade, M.M., 'Emotional Nuance: Examining Positive Emotional Granularity and Well-Being', Frontiers in Psychology, 2022

Watt Smith, Tiffany, The Book of Human Emotions: An Encyclopedia of Feeling from Anger to Wanderlust, Wellcome Collection, 2016 http://atlasofemotions.org

Willcox, G., 'The Feeling Wheel: A Tool for Expanding Awareness of Emotions and Increasing Spontaneity and Intimacy', Transactional Analysis Journal, 12(4), 274.276, 1982

Dr. Laurie Santos' podcast, The Happiness Lab, with Susan David's lighthouse analogy: www.pushkin.fm/podcasts/the-happiness-lab-with-drlaurie-santos/emotions-are-data-so-listen-to-them

4장. 기분 좋은 감정들

Reading, Suzy, Rest to Reset: The busy person's guide to pausing with purpose, Aster, 2023

Dr Kirsten Neff's webpage on compassion: https://self-compassion.org

Luo, Yangmei, Chen, Xuhai, Senqing, Qi, You, Xuqun & Huang, Xiting, 'Well-being and Anticipation for Future Positive Events: Evidences from an fMRI Study', Frontiers in Psychology, 8, 2199, 2018

The science of awe: https://ggsc.berkeley.edu/images/uploads/GGSC-JTF_White_Paper-Awe_FINAL.pdf

5장. 불편한 감정들

Andrew Huberman's summary of panoramic vision: https://www.scientificameri-can.com/article/vision-and-breathing-may-be-the-secretsto-surviv-ing-2020/?amp=trueBalloon analogy on Dr Chatterjee's podcast: https://drchatterjee.com/why-emotions-mattermore-than-you-think-with-pro-fessor-marcbrackett/

Bullmore, Edward, The Inflamed Mind: A Radical New Approach to Depression, Short Books, 2019

Russell, Helen, How to Be Sad: Everything I've Learned About Getting Happier by Being Sad, Harper One, 2022

Unal, H., 'The Role of Socialization Process in the Creation of Gender Differenc-es in Anger', Kadın/Women 2000 (Journal for Woman Studies), 5(1.2), 25.41, 2004

Brown, Brene, Daring Greatly: How the Courage to Be Vulnerable Transforms the Way We Live, Love, Parent, and Lead, Avery, 2012

6장. 감정을 새로운 경로로 안내하는 방법

Tara Brach's RAIN meditation: https://tarabrach.ac-page.com/rain-pdf-down-load

Lyubomirsky, S. & Layous, K., 'How Do Simple Positive Activities Increase Well-Being?', Current Directions in Psychological Science, 22(1), 57.62, 2013

맺음말: 계속 돌고 도는 감정의 롤러코스터

Lane, Dr. Anne, Nurture Your Child's Emotional Intelligence: 5 Steps to Help Your Child Cope with Big Emotions and Build Resilience, Welbeck Balance, 2022

Dr. Martha Deiros Collado's website: www.drmarthapsychologist.com/

Dr. Emma Svanberg's website: https://mumologist.com/therapy/

옮긴이 | 김나연

서강대학교에서 영어영문학과 석사학위를 취득하였다. 현재 출판번역 에이전시 베네트랜스에서 전속 번역가로 활동 중이다.
옮긴 책으로는 『브레인 리부트』, 『혼자만의 시간을 탐닉하다』, 『너무 고민하지마』, 『사람은 어떻게 생각하고 배우고 기억하는가』, 『최강의 일머리』, 『제인오스틴 소사이어티』, 『프랑켄슈타인』, 『캑터스』, 『하피스, 잔혹한 소녀들』 등이 있다.

감정의 이해

초판 1쇄 발행 | 2024년 4월 29일
초판 7쇄 발행 | 2024년 8월 16일

지은이 | 엠마 헵번
옮긴이 | 김나연
펴낸이 | 김선준

편집이사 | 서선행
책임편집 | 이희산   편집4팀 | 송병규   디자인 | 김예은
마케팅팀 | 권두리, 이진규, 신동빈
홍보팀 | 조아란, 장태수, 이은정, 권희, 유준상, 박미정, 이건희, 박지훈
경영관리 | 송현주, 권송이

펴낸곳 | ㈜콘텐츠그룹 포레스트
출판등록 | 2021년 4월 16일 제2021-000079호
주소 | 서울시 영등포구 여의대로 108 파크원타워1 28층
전화 | 02)332-5855   팩스 | 070)4170-4865
홈페이지 | www.forestbooks.co.kr
종이 | ㈜월드페이퍼   출력·인쇄·후가공·제본 | 한영문화사

ISBN | 979-11-93506-45-5 (03180)

㈜콘텐츠그룹 포레스트는 독자 여러분의 책에 관한 아이디어와 원고 투고를 기다리고 있습니다. 책 출간을 원하시는 분은 이메일 writer@forestbooks.co.kr로 간단한 개요와 취지, 연락처 등을 보내주세요. '독자의 꿈이 이뤄지는 숲, 포레스트'에서 작가의 꿈을 이루세요.